유플러스연구소 신서 08-01

감성 펀치

: 감성 전략 및 전술 지침

유플러스연구소 신서 08-01

| 김원제 · 정세일 |

감성 펀치

: 감성 전략 및 전술 지침

ksi 한국학술정보[주]

이 저서는 2006년도 정부재원(교육인적자원부 학술연구조성사업비)으로
한국학술진흥재단의 지원을 받아 연구되었음(KRF-2006-431-B00091)

“초코파이 줄까요?”

지난해 이맘 때 인기를 끌었던 드라마 <고맙습니다>(MBC 수목드라마)에서 ‘미스타 리’(신구 분)는 만나는 사람에게 초코파이를 나눠주었다. 드라마의 마지막회에서 자신의 죽음을 예감한 미스타 리는 마을 집집마다 초코파이를 선물했다. 이런 풍경이 우릴 가슴 뭉클하게 하는 이유는 무엇일까. 이는 그가 건넨 초코파이가 단순한 과자가 아니라 마음을 전하는 ‘감성의 매개물’이기 때문이다. 미스타 리는 바로 ‘정(情)’이라는 선물을 하고 간 것이다.

‘초코파이’는 그동안 영화에서도 주연급 소품 배우 구실을 톡톡히 해왔다. <공동경비구역 JSA(2000년, 박찬욱 감독)>에서 북한군으로 나오는 오 중사(송강호 분)와 이수혁(이병헌 분)은 초코파이를 나눠 먹으면서 더욱 정을 돈독히 키워나간다. “내 소원은 우리 공화국이 남조선보다 더 맛있는 초코파이를 만드는 것”이라는 송강호의 대사는 지금도 이 영화를 본 많은 사람들의 기억 속에 남아 있다. 영화 <이장과 군수(2007년, 장규석 감독)>에서도 초코파이는 사람들을 이어주는 역할을 한다. 20년 지기면서 라이벌인 이장(치승원 분)과 군수(유해진 분)는 어린 시절 추억인 초코파이를 건네며 서로의 우정을 확인

한다. 또한 영화 <말아톤(2005년, 정윤철 감독)>에서 자폐증에 걸린 초원(조승우 분)에게 힘든 훈련 중 힘을 주는 것도 초코파이였고 <집으로(2002년, 이정향 감독)>에서 손자(유승호 분)가 외할머니와 헤어지면서 몰래 보따리에 넣어놓고 오는 것도 초코파이였다.

'초코파이'. 1974년에 첫선을 보인 후 30여 년이 지난 오늘까지 장수하고 있는, 대표적인 국민 과자라 할 만하다. 소비자의 입맛이 갈수록 서구화되고 고급화되었음에도 불구하고, 30여 년간 똑같은 맛을 지켜 오면서도 이렇듯 폭발적인 인기를 누리고 있는 이유는 무엇일까? 바로 '정(情)'이다. '초코파이＝정'이라는 등식이 성립될 정도로, 초코파이는 단순한 과자가 아니라 마음을 전하는 매개물이 되었다. 우리는 초코파이를 맛으로만 먹지 않는다. 초코파이로 생일케이크를 대신하며 정을 나누는 것이다. 초코파이는 소비자에게 단순한 과자 이상의 '정'이라는 감성을 떠올리게 하는 매개물이 된 것이며, 이 같은 감성이 초코파이의 판매에 크게 기여하고 있는 것이다.

최근 '감성디자인', '감성경영', '감성 리더십' 등 '감성'이라는 단어가 부쩍 많이 사용되고 있다. 이탈리아 자동차회사 페라리(Ferrari)는 자신들이 단순히 차를 파는 것이 아니라 꿈을 파는 것이라는 의미로 '셀링 드림스(selling dreams)'라는 유명한 말을 남겼다. 페라리는 일상생활의 도구로만 사용되던 자동차에 예술적 디자인을 도입하여 미(美)적 가치를 부여하였고, 최고급 자동차라는 상징적 가치와 함께 편안함과 안전감이라는 경험적 가치까지 추가함으로써 소비자의 감성을 자극했다. 최첨단 로봇기술과 IT기술에도 감성이 입혀지고 있다. 발전된 로봇기술은 인간의 감성의 이해하고, 인간과 감성적으로 소통할 수 있는 감성형 로봇을 만들어내고 있다. LG전자의 '아카펠라폰'은 기계음이 아닌 사람의 음성을 벨소리, 효과음, 버튼음 등으로 제공하였고 '바나나폰(모델명 LG-SV280)'은 숫자 키패드 부분에 은은한 라벤더향을 입혀 숫자버튼을 누를 때나 통화할 때 향기가 나도록 제작하였다. 모두 소비자의 감성만족을 고려한 시도들이다. 감성의 중요성은 식당이나 상점의 공간구성에서도 포착된다. 이제 식당은 단지 끼니만을 해결하는 공간이 아니다. 식사를 하면서 TV시청은 물론 영화감상과 음악감상 그리고 공연관람도 할 수 있는 식당들이 늘어나고 있다. 2006년 문을 연 미국의 디지털 엔터테인먼트 레스토랑 '유윙크(uWink)'는 '먹으면서 놀고 놀면서 먹는' 것을 의미하는 '이터테인먼트(Eater-tainment)' 개념을 최초로 도입하였다. 특히 이 식당은 이터테인먼트 구현을 위해 IT기술을 적극 활용하고 있다. 유윙크에서 고객은 각 테이블마다 설치된 17인치 크기의 터치스크린을 통해 음식주문은 물론 온라인 게임과 TV시청, 영화감상까지 할 수 있다. 중소상점이나 대형 마트들도 상품구매와 문화향유를 동시에 해결할 수 있는 감성스토어를 구축하기 위해 예술과 과학을 접목한 '아티언스' 개념을 도입하고 있다. 국내에서는 특히 '삼성 테스코 홈플러스'가 아티언스 개념을 도입하여 판매율 신장을 경험하였다. 이제 최첨단 기술이 적용된 상품에서부터 그 물건을 파는 상점과 우리가 식사시간마다 찾게 되는 식당에 이르기까지 우리의 일상생활을 구성하는 모든 물리적 환경이 인간의 감성을 세심하게 고려하고 배려하는 방향으로 이동해가고 있는 것이다.

감성은 소비의 영역에서도 중요한 키워드가 되었다. 이제 소비는 제품과 서비스의 양과 질을 기준으로 한 '단순소비'에서 유쾌함이나 기분 좋음이라는 감성적 차원이 기준이 되는 '감성소비'로 전환되고 있고, 경제적 효용 못지않게 감성적 실속을 추구하는 '감성소비자'가 등장하고 있다. 이전의 감성개념은 '충동'이라는 뉘앙스가 강하게 묻어나는 것이었지만 최근 감성소비에서의 감성개념은 '감동'의 이미지가 강하다. '감성소비'는 가장 '감동'적인 제품과 서비스를 골라낼 수 있는 고차원적인 소비행위를 그리고 '감성소비자'는 감성적 만족인 '감동'을 추구하는 소비자를 의미한다.

감성은 대통령과 국회의원을 뽑을 때도 영향력을 발휘한다. 대한민국

정치사에 유권자의 감성을 가장 잘 활용한 정치인으로는 지난 2002년 대선 당시의 노무현 민주당 후보를 꼽을 수 있다. 기타를 치면서 김민기의 '상록수'를 부르고 눈물을 흘리는 노무현 후보 모습을 담은 선거광고는 너무나도 감성적인 것이었다. 아직까지 이 선거광고의 장면들을 기억하고 있는 국민들도 많다. 그리고 '장인의 빨치산 활동 전력'을 공격하는 상대당의 정치공세에 대해 "사랑하는 아내를 버리라는 말입니까."라고 대응한 노무현 후보의 어법 역시 결국 국민의 감성을 자극했으며, 그가 대통령으로 선택되는 데 중요한 역할을 하였다. 지난 2004년 총선에서는 열린우리당이 감성정치의 혜택을 크게 보았다. 대통령 탄핵안 통과를 저지하기 위해 국회의장석을 점거하고 있다가 다른 당 의원들에 의해 끌려 나가면서 울부짖는 열린우리당 소속 의원들의 모습은 탄핵에 대한 판단을 유보하던 국민들의 감성까지 움직였고 열린우리당은 총선에서 압도적 승리를 얻게 되었다. '탄핵'이란 한 단어로 모든 선거유세가 이뤄졌던 당시를 회상해보면, 감성을 자극하는 정치의 위력이 어느 정도인지 실감할 수 있다.

　그렇다면, 왜 감성인가? 감성은 '쾌적하다, 예쁘다, 신선하다, 고급스럽다, 우아하다' 등과 같이 이미지나 느낌을 표현하는 심리적 체험의 표상이다. 얼마 전까지만 해도 감성보다는 '합리적'이고 '냉철'하며

'이성적'인 행동규범이 상대적으로 높게 평가되어 왔다. 우리는 순간마다 이성에 의해 판단하며 행동한다고 믿어 왔다. 하지만 우리의 판단과 행동에는 분명히 감성의 영향력이 존재하고 있음을 부정할 수 없다. 지금 우리는 감성이라는 단어를 그 어느 때보다 일상생활에서 자주 접하며 살고 있고, 감성이라는 단어가 전문가뿐만 아니라 일반인에게도 익숙한 개념이 되고 있다. 주변에는 감성을 자극하는 상품들이 넘쳐나고 있으며, 시장에서는 감성에 대한 욕구가 거래되고 있고, 사람 사이의 감성적 관계 맺기가 강조되고 있다. 인간의 감성에 대한 연구도 단순한 의미해석의 수준을 벗어나 인간의 삶을 향상시키기 위한 제품과 서비스의 개발을 목적으로 하는 감성과학과 감성공학으로 발전하고 있다. 또한 세계화의 확산과 심화에 따라 경쟁이 치열해지고, 기술과 서비스의 격차가 줄어들게 되면서 감성이 경쟁우위 확보의 중요한 원천 중 하나로 각광받게 되었다. 서비스와 제품의 품질에 뚜렷한 차이가 없어지게 되면서 감성은 차별화의 수단이자 판매촉진의 결정요인 중 하나로 주목받고 있는 것이다. 일상생활에서도 우리는 남의 시선을 의식하기보다는 우리 자신의 내면적 감성에 집중하고 당당하게 표현하고 있다. 사회는 단연코 감성사회로 진입한 것이다.

　　따라서 이제는 감성사회의 본질을 따져볼 때가 되었다. 기업과 개인은 감성사회에서 생존하고 적응하기 위해 갖추어야 할 조건들과 전략들에 대해 진지하게 고민하기 시작하였다. 감성사회가 언제 어디서 발생했고 어떻게 확산되어 가는지를 설명하는 일과 함께, 앞으로 감성사회가 어떻게 진화해갈 것인지를 탐색하는 작업도 요구되고 있는 것이다. 본 책에서는 이러한 감성의 개념과 인간 감성의 구조에 대한 탐구에서 시작하여 감성사회의 현재적 모습과 미래 전망을 그려내고, 감성사회를 살아가는 데 있어 개인과 기업에게 요구되는 조건과 전략에 대한 모색을 시도하였다. 아무쪼록 이 책이 감성시대를 살아가는 우리 모두를 보다 감성적으로 나아가는 데 있어 조그마한 도움이 될 수 있기를 기대한다.

2008. 6.
저자일동

목차

제6부

미래 경쟁전략 및 생존 조건

맺는 글

제 **1** 부

감성과 커뮤니케이션

화자와 청자 사이의 의사소통은
텍스트나 메시지 안에 담겨 있는
고정된 의미(fixed meaning)에 의해
가능한 것이 아니라 그것을 단서로 하여
아직 밝혀지지 않은 의미(meaning yet to be found)를
찾는 추론작업에 의해 가능하다.
▶기호학자 찰스 퍼스(Charles S. Pierce)

1. 감성, 외부자극과 축적된 기억의 화학적 결합

◎ 감성이 뭐길래

감성(sensitivity: 感性)은 흔히 감수성(感受性: susceptibility)이라고도 불린다. 사전적 의미로 감성은, 새우리말 큰 사전에는 "감각(感覺), 지각(知覺)에 의하여 불러일으켜져 그것에 지배되는 심적(心的) 체험적(體驗的) 전체(全體) 또는 인상(印象)을 받아들이는 힘"이라고 정의되어 있다. 흔히 감성은 외부의 물리적 자극을 인간의 신체적 감각기관이 종합적으로 받아들이는 것으로부터 발생하는 직관적이고 순간적인 심리적 반응의 체험을 의미한다. 감성 생성의 직접적 원인이 되는 외부의 물리적 자극이란 식사시간에 먹는 음식의 향기와 질감 또는 아침에 직장이나 학교에 가기 위해 입는 옷의 촉감이나 색상 그리고 출근길에 마주치는 사람들의 표정이나 행동과 목소리 등 일상생활의 순간마다 경험하게 되는 인간을 둘러싼 모든 환경의 자극을 의미한다. 이 같은 외부자극은 한 가지 감각기관만을 자극하기보다는 여러 가지 감각기관을 동시에 복합적으로 자극한다. 예를 들어 식사를 할 때 생성되는 감성은 음식의 질감·색상·향기·온도 등은 물론 그릇의 디자인과 식당의 분위기 그리고 같이 식사하는 사람이 음식을 먹으며 내는 소리 등 다양한 외부자극의 정보가 여러 가지 감각기관을 복합적으로 자극함으로써 발생하게 되는 것이다.

감각기관을 통해 흡수된 외부자극은 개인의 삶의 경험에서 축적된 기억과 접촉하면서 심리적 반응을 발생시킨다. 여기서 축적된 경험의 기억이란 외부세계의 물리적 자극에 대한 기억이다. 즉 감성은 인간이 자신의 외부환경과 소통하면서 축적된 체험의 결정체이며 감각기관을 통해 얻어진 외부환경의 자극에 대한 인지작용이 누적된 결과물이다. 따라서 감성은 감각기관을 통해 받아들여진 외부 자극이 기억을 통해 해석되는 과정에서 발생하는 심리적 반응의 체험으로 규정할 수 있다.

감성은 개인사(個人史)에 축적된 삶의 기억에 따라 동일한 자극에 대해서도 개인마다 다양하게 나타날 수 있다. 축적된 삶의 기억은 다양한 자연환경과 문화적 환경 및 사회적 환경의 영향에 의해 구성된다. 따라서 삶을 둘러싼 자연·사회·문화적 환경이 다를 경우, 동일한 외부자극에 대해서도 개인별로 발생하는 감성에는 차이가 있을 수 있는 것이다. 사막지역에서 성장한 사람과 평야지대에서 태어나고 자란 사람의 삶의 기억은 동일할 수 없다. 높은 고원지대에서 살아가는 사람과 남태평양의 섬에서 일생을 살아온 사람들의 삶의 경험 역시 다를 수밖에 없다. 이 같은 차원에서 북극지방의 에스키모족이 하루종일 내리는 함박눈을 바라보면서 체험하게 되는 감성과, 북극지방에 여행 온 뉴질랜드의 원주민이 함박눈을 처음 맞으면서 체험하는 감성도 같을 수 없다. 또한 사회주의 국가의 국민과 자본주의 국가의 국민

들의 축적된 기억 역시 다를 수 있고 이슬람교도와 기독교도의 삶의
경험도 차이가 있을 수밖에 없는 것이다. 감성은 또한 개인의 고유하
고 특별한 경험에 대한 기억에 의해서도 영향을 받는다. 또한 개인의
감성은 삶의 기억 외에도 해당 시점에서 개인이 갖고 있는 심리 상태
와 함께 연령, 성별, 교육정도, 건강상태와 같은 개인 요소뿐 아니라
개인의 의식과 생활에 영향을 미치는 가정, 사회특성, 나아가 전통과
관습, 종교, 환경 등과 같은 문화적 특성에 의해서도 변화된다.

　일반적으로 감성 또는 감수성이 풍부하다는 의미는 다양한 감각기
관의 지각능력이 우수함은 물론 흡수된 외부정보를 종합적으로 처리
하여 고도의 심리적 반응을 체험하게 하는 시스템이 생활환경의 다양
한 물리적 자극들과 잘 결합한다는 의미로 설명될 수 있다. 그리고
개인의 감성을 이해하기 위해서는 그 개인이 속한 사회와 문화 그리
고 자연환경에 대한 이해는 물론이고 개인만의 고유하고 특별한 경험
에 대한 고려도 필수적으로 요구된다고 하겠다.

[그림 1-1] 감성생성의 메커니즘

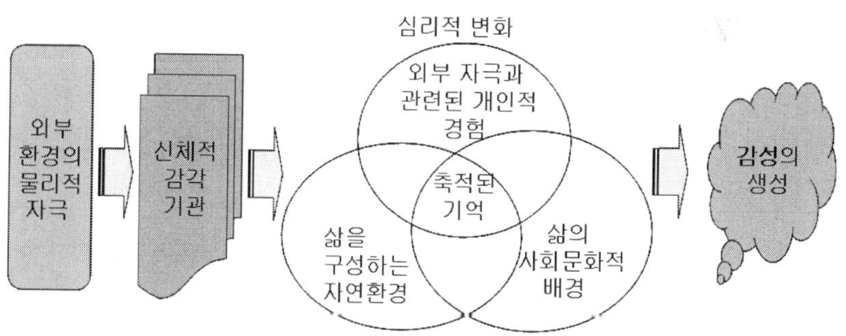

이성과 감성의 교차

감성 개념은 이성 개념과 하나의 짝을 이루어 설명되기도 한다. 이성이란, 사유의 능력, 인간의 논증적(論證的) 사고 능력, 인간의 직관(直觀) 능력 등을 말한다. 한편 데카르트(Descartes)는 만인에게 태어날 때부터 평등하게 갖추어진 이성의 능력을 '양식(良識)' 혹은 '자연의 빛'이라는 말로 표현하기도 하였다.

오늘날 일상적 대화에서부터 고차원적인 철학적 담론에 이르기까지 감성개념과 이성개념은 상호 대비되는 개념으로 빈번하게 사용되고 있다. 특히 서양문명과 서양철학에서는 감성과 이성의 이분법이 두드러지게 발견된다. 서양철학에서는 감성에 의해 지각되는 세계와 이성적 사고에 의해 인식되는 세계 중 어떤 것이 진리인지 그리고 감성과 이성 중 인간의 본질에 더 가까운 것이며 더 우월하고 중요한지에 대한 논의가 지속적으로 이루어져 왔다. 그리고 이에 따라 감성을 이성에 비해 열등한 것으로 인식하는 이성우위의 관점과 이성의 허구성을 비판하는 반(反)이성주의적 관점이 대립하기도 하였다.

그리스어로 이성을 뜻하는 '로고스(logos)'와 라틴어에서 이성을 의미하는 '라티오(ratio)'는 비례나 균형 또는 조화라는 의미가 포함되어 있다. 즉 그리스와 로마 시대에 이성은 불완전하고 불확실한 무질서의 상태에서 모든 덕을 조화로운 질서 속에 안정시키는 기제로 인식되었다. 한편 이성에 비해 충동적이고 맹목적인 것으로 간주되던 감성은 이성에 의해 통제되어야 하는 숨겨진 욕망이자 본능으로 해석되었다. 고대 그리스의 철학자 소크라테스(Socrates)와 플라톤(Platon)은 인간의 본질이 이성이며, 이성이 감성의 주인이 되어야 함을 주장하

 ◆ 감성 펀치: 감성 전략 및 전술 지침

였다. 소크라테스는 이성만이 진리를 말한다고 보았으며, 플라톤은 감성을 '길들여지지 않은 말(馬)'로, 그리고 이성은 '그 말의 고삐를 잡고 있는 마부'로 이해하였다. 이러한 관점은 행복이 이성적 생활에 의해 이루어진다고 보았던 스토아(Stoa)학파의 철학에서도 발견된다. 또한 중세유럽의 신학에서도 이성 중심의 플라톤적 관점이 그리스도교와 접목되어 계승되었으며, 종교개혁 이후 등장한 청교도적 금욕주의 역시 감성에 대한 억압으로 이해될 수 있다. 이 밖에 근대의 과학기술과 자본주의 경제 시스템 역시 이성적 합리주의에 뿌리를 두고 있다.

반(反)이성주의적 관점 또한 오랜 역사를 지니고 있다. 스토아학파와 동시대의 학파인 에피쿠로스학파(Epicurean school)는 인간의 행복이 이성적 삶보다는 쾌락에 있다고 주장했다. 공리주의(Utilitarianism) 철학 역시 인간의 본성이 쾌락을 추구하는 것이라는 점을 인정하고 쾌락을 도덕적으로 지지하기도 하였으며, 18세기 유럽의 낭만주의(Romanticism) 사조 또한 인간이 이성적 존재라는 생각을 비판하고 이성보다 중요한 것이 감성이라고 보았다. 쇼펜하우어(Schopenhauer)와 니체(Nietzsche)도 이성의 허구성을 비판하며 인간행위와 세계의 구성의 근본적인 동인이 감성이라고 인식하였고 따라서 감성의 복원을 주장하기도 하였다. 또한 프로이트(Freud)는 이성적 문명에 억눌린 감성이 노이로제와 히스테리 등 각종 정신병의 원인으로 작용하고 있음을 설명하였다. 이 밖에 마르크스(Marx)와 엥겔스(Engels)의 자연변증법과 유물사관 그리고 다윈(Darwin)의 진화론 역시 이성의 절대성을 부인하고 그 허구성을 비판하는 관점으로 해석될 수 있다. 프로이트의 이론을 마르크스의 이론과 접목한 마르쿠제(Marcuse)노 인류역사를 통해 형성된 문화와 문명이란 쾌락을 추구하는 본능적 에너지인 리비도

(Libido)의 자유로운 충족이 성공적으로 억제된 곳에서 시작된다고 주장하고 리비도에 대한 억압 없는 사회 건설의 가능성을 모색하였다는 점에서 감성 중심의 관점으로 분류할 수 있다.

[표 1-1] 서양 문명과 철학에서의 감성과 이성의 대립

이성 우위의 관점	반(反)이성주의적 관점
소크라테스	에피쿠로스학파
플라톤	공리주의, 낭만주의
스토아학파	쇼펜하우어
중세의 플라톤주의적 그리스도교 철학	니체, 프로이트
청교도적 금욕주의	마르크스와 엥겔스
근대 과학기술과 자본주의	다윈, 마르쿠제

◎ 행동을 이끄는 충동이자 삶을 위한 순간적 계획, 감성

역사적으로 감성은 이성과 대비되는 개념으로 설명되어 왔지만 실제적으로 인간의 삶은 감성과 이성 모두에 의존하고 있다. 인간의 일상생활은 물론 인류의 역사 또한 감성과 이성 중 어느 하나에만 전적으로 의존하여 만들어진 것이 아니다. 감성과 이성은 모두 물리적 외부환경의 자극에 대한 반응체계를 구성하는 핵심 요소이다. 감성은 이성과 함께 끊임없이 상호작용하면서 개인의 하루하루의 삶을 구성하고 인류의 역사를 형성한다. 따라서 인류의 역사와 문명은 감성과 이성의 긴장과 종합의 상호작용적 연계에 의해 이룩되었다고 해도 과언이 아닌 것이다. 글로벌한 차원에서 각 나라와 각 지역의 정치·경제·문화가 촘촘하게 네트워크화된 지식정보자본주의 사회에 살고 있는 현대인들 또한 일상생활의 순간마다 자신이 이성에 의해 판단하고 행동하고 있다고 믿는 경향이 강하다. 과학기술과 자본주의적 생활체제는 이성적이고 합리적인 생활을 암묵적으로 강요하고 있다. 따라서 현대인들은 감성이 절대적으로 부족한 이성 편중적 성향을 지니고 있으며 감성과 이성이 조화롭지 못한 감성적인 미성숙의 상태에 있다는 비판을 받고 있기도 하다. 하지만 조금만 더 자신의 판단과 행위의 동력이 무엇인지를 성찰해본다면 이성 못지않게 감성도 중요한 영향력을 지니고 있음을 발견할 수 있게 된다.

감성은 개인이 어떤 상황에 직면하였을 때, 그 상황이 자신에게 위험한 것인지 또는 안전한 것인지를 파악할 수 있게 하기도 하고 심사숙고의 과정이 요구되는 복잡한 문제에 대한 의사결정 과정에도 분명히 개입하고 있다. 감성은 인간이 생을 마감하는, 즉 죽는 순간까지 계속적으로 생성되는 것으로 사회의 중요하고 고도화된 체계인 윤리와 법은 물론 창의성이 강조되는 예술과 과학의 이면에서도 활발하게 작동하고 있는 것이다. 자본주의와 부르주아지의 세력 확장에 결정적인 기여를 한 신대륙의 발견을 위한 항해가 결코 이성에 의해서만 이루어진 행동이었다고는 설명할 수 없을 것이다. 이러한 험난한 항해에는 도전과 좌절 그리고 꺾이지 않은 희망이 숨겨져 있었기 때문이다. 또한 대통령 선거나 국회의원 선거에서의 투표행위 역시 이성적 판단에 의해서만 이루어진다고 보기 어렵다. 많은 선거에서 유권자들의 감성은 투표결과에 중요한 영향을 미쳐 왔다. 예컨대, 한국의 지역감정에 의한 투표행태가 이성적 판단에 근거한 것은 분명 아닐 것이다.

감성은 소비자들이 일상생활에서 구두나 옷 등 상품을 구입하는 과정에도 영향을 미친다. 소비자가 상품을 구입할 때는 가격과 사용가치는 물론 상품의 디자인과 색상 그리고 질감 등 감성적 부분까지도 고려한다. 또한 직장인들이 점심시간에 먹을 메뉴를 선택할 때에도 감성은 영향을 미친다. 비가 오거나 찬바람이 부는 날에는 찌개나 탕과 같은 따뜻한 국물이 있는 음식이 먹고 싶어지는 것은 '추운 날씨=따뜻한 국물'이라는 공식으로 대변되는 감성이 이성보다 부지불식간에 더욱 크게 작용하였기 때문이다.

이처럼 감성과 이성은 이론적 측면에서는 상반적이지만, 실제적인 현실의 삶에서는 상호간에 깊이 연동되어 있다. 감성과 이성은 독자적인 기능을 갖고 있어서 각각 확연히 구분되면서도 상호 연계성을 갖는 회로들을 통해 절묘한 조화를 이루고 있다. 감성과 이성은 우리의 삶에 있어서 상호작용하며 무엇인가를 판단하거나 선택하고 행동하게 하며, 때때로 이성의 활동 없이 감성만으로 어떤 결정을 내리게 되기도 한다. 그리고 이성의 역할은 감성이 이미 선택한 명제를 정당화하고 논리적으로 보이도록 각색하는 것일 때도 있다. 감성은 본질적으로 진화과정을 거치면서 인류에게 부여된, 행동을 이끌어내는 충동이자 삶의 관리를 위한 순간적 계획이기 때문이다.

◎ 감성의 정체

최근에는 인간의 이성뿐 아니라 감성에 소구하는 디자인 양식 및 마케팅 방법과 경영방법 등이 주목받고 있다. 인간의 판단과 행위에 감성의 영향력이 크게 작용한다는 사실이 밝혀지면서 '감성 디자인'

이나 '감성 마케팅' 또는 '체험 마케팅' 그리고 '감성경영' 등이 대두되고 있는 것이다. 감성 디자인과 감성 마케팅 또는 체험 마케팅은 제품과 서비스의 기능적 차이가 점점 줄어들면서 감성적 측면에서의 차별화를 시도하는 것이라고 볼 수 있다. 그리고 감성경영은 무한경쟁 상황에서 고객에게 긍정적인 감성경험을 유발하며, 동료들과 팀을 이루어 문제를 해결하고 목표를 달성할 수 있는 종업원의 감성역량까지도 이용하여 시너지 효과를 창출하려는 기업의 시도로 해석할 수 있다.

감성은 감각(感覺, sensation)이나 감정(感情: emotion) 등과 혼용되기도 하고, 비슷한 개념으로 오인되고 있기도 하지만 엄연히 구분되는 개념이다. 감각은 외부의 물리적 자극에 대한 신체기관의 감지와 이에 대한 뇌의 지각을 의미한다. 즉 감각은 인간의 심리적 반응이 배제된 자극감지와 지각만을 의미한다는 점에서 감성과 구분된다. 감각생성에 작용하는 감각기관은 시각·청각·후각·미각의 특수감각기관과 촉각과 같은 체성감각기관 그리고 근육·내장과 같은 내부감각기관 등이 있다. 이들 감각기관을 통해 감지(sense)된 외부자극은 신경전달시스템을 통해 뇌로 전달되어 지각되어 감각이 생성된다.

한편 감정은 감각에 비해 감성과의 구분이 더욱 모호하고 어렵다. 감정과 감성을 비교한 연구들에서는 그 차이점을 다음과 같이 제시하고 있다. 첫째, 감성은 심리적 변화만을 의미하지만 감정은 심리적 변화와 함께 생리적 변화까지를 포함한다. 인간의 몸을 통해 인지된 외부자극은 심리적 변화와 함께 신경세포인 뉴런의 명령과 신경전달물질에 의해 외부로 표현되는 생리적 변화를 유발하는데 이를 감정이라고 한다. 예를 들어 외부 자극으로 인해 '공포감'이라는 심리적 변화가 발생하면 얼굴이 창백해지고 몸이 떨리게 되거나 화가 나면 얼굴이 붉어지고 이를 악무는 등 생리적 변화가 수반된다. 둘째, 감정은 외부의 감각자극에 대하여 두뇌에서 단계적인 정보처리의 결과로 나타나지만 감성은 반사적이고 직관적으로 발생된다. 따라서 감정보다는 감성이 상대적으로 즉각적이고 빈번하게 발생하게 된다. 셋째, 감정은 자의적 조절이 가능하다. 하지만 감성은 자극에 대한 반사적이고 즉각적 반응이기 때문에 자의적으로 조절할 수 없다. 넷째, 감정의 생성에는 외부자극이 중요한 요인인 반면, 감성의 생성에는 개인의 내부적 요인, 즉 생활경험에 의한 기억이 상대적으로 더 중요한 요인이 된다. 즉 감성은 동일한 외부자극에 대해서도 개인의 고유한 생활경험의 기억에 따라 다양하게 나타나게 되는 것이다.

[표 1-2] 감정과 감성의 비교

구분	감정	감성
생리적 변화	관찰 가능	관찰이 어려움
빈도와 발생속도	상대적으로 적고 느림	상대적으로 많고 빠름
자의적 조절	가능	불가능
결정요인	외부적 자극이 상대적으로 중요한 요인	개인의 내부적 요인이 상대적으로 더 중요

출처: 손은미 (2007). pp.15~23. 재구성.

2. 인류문명은 감성 소통 양식의 역사

◎ 미디어는 감성기계

인간이 커뮤니케이션을 위해 사용하는 대표적인 감각기관은 오각(五覺)을 일으키는 다섯 가지 감각기관, 즉 오관(五官)이다. 인간은 이들 오관을 이용하여 환경에 대한 정보를 지각하고, 자신의 의사를 전달하며, 상대방의 의사를 인식할 수 있다. 오관을 모두 사용한 커뮤니케이션은 몇 개의 부분적 감각기관에만 의존하는 커뮤니케이션에 비해 보다 효과적이고 정확한 커뮤니케이션이 가능하다. 커뮤니케이션을 위해 오관을 모두 사용한다는 것은 인간이 지닌 모든 감각기관을 의사소통에 활용한다는 의미이다. 따라서 오관을 모두 이용한 커뮤니케이션은 자극 정보에 대한 손실을 줄여 다양한 정보를 최대한 획득하게 하여 보다 종합적이고 정확한 판단을 가능하게 한다. 반면 부분적으로 몇 개의 감각기관만을 사용하는 커뮤니케이션은 받아들이게 되는 외부 정보량에 한계를 갖게 하며, 외부정보의 손실을 낳게 되어 정확한 커뮤니케이션이 이루어지기 어렵게 한다.

인간은 공간적으로 멀리 떨어져 있는 사람과의 커뮤니케이션을 위해 또는 커뮤니케이션 메시지를 시간적으로 오랫동안 보존하고 전달하기 위해 미디어를 사용한다. 미디어는 외부의 물리적 자극과 인간의 감각기관 사이를 연결하는 역할을 하며, 인간의 감각기관을 자극함으로써 정보를 전달하는 커뮤니케이션 도구이다. 혁신적으로 진보

된 새로운 미디어의 등장은 인간커뮤니케이션의 공간적 범위와 시간적 범위를 확장하여 왔다. 따라서 미디어는 인간 감각기관 및 감각의 확장으로 해석될 수 있다. 영문학자이자 미디어 이론가이기도 한 맥루한(Mcluhan)은 모든 미디어를 인간의 신체 및 감각기관의 확장으로 보았다. 따라서 그는 자동차의 바퀴는 다리의 확장이고, 책은 눈의 확장이며, 옷은 피부의 확장이고, 전자회로는 중추신경 계통의 확장이라고 설명하였다. 또한 그는 미디어를 통한 신체와 감각기관의 확장은 인간이 세상을 인식하는 방식에도 영향을 미치며, 미디어의 내용이 아니라 미디어 그 자체가 곧 메시지라고 주장하였다. 즉 "미디어는 메시지이다."라는 것이며, 결국 미디어의 내용보다는 미디어가 인간의 감각형태를 변화시키는 방식이 더 중요하다는 의미이다(김정탁, 1998).

　맥루한은 전화가 청각을 자극하고 신문이 시각을 자극하는 것처럼 특정 미디어가 인간의 특정 감각기관을 자극한다는 점에 주목했다. 그리고 어떤 감각기관을 자극하는 미디어를 주로 사용하는가에 따라 인간의 사고(思考)양식도 달라지는 것으로 보았다. 또한 특정 사회에서 빈번하고 중요하게 사용되는 핵심 미디어는 해당 사회의 문화적 변화를 초래하는 결정적 요인으로 작용한다고 보았다. 이러한 관점에서 맥루한은 미디어를 중심으로 인류의 역사와 문명을 구분하여 설명하였는데 그 내용은 아래 표와 같다.

[표 1-3] 맥루한의 커뮤니케이션 사관

세대구분	커뮤니케이션 특성	감각비율	집단의 특성
문자이전 시대	복수감각	균형적	부족화
문자사용 시대	시각우위	다소균형적	
활자시대	시각단일	불균형적	탈부족화
전자미디어시대	복수감각	다소 균형적	재부족화

최고의 커뮤니케이션을 원한다면 모든 감각을 이용하라!

　맥루한은 오관을 모두 균형 있게 사용하는 커뮤니케이션 상황이 가장 이상적인 커뮤니케이션 상황이라고 보았다. 또한 오관을 모두 사용하여 커뮤니케이션하는 인간을 복수감각형 인간이라고 이름 붙였다. 그리고 미디어를 사용하지 않고 면대면의 구어적 커뮤니케이션 문화를 형성했던 문자와 활자 사용 이전의 부족사회시대를 살아가던 사람들이 대표적인 복수감각형 인간이라고 설명하였다. 한편 그는 인쇄술의 발명이 인간의 커뮤니케이션을 시각에 종속시키고 오감의 균형상태를 파괴하며, 의사소통을 왜곡시켰다고 분석했다. 따라서 구텐베르크의 인쇄술 발명 이후 TV가 등장하기까지 시각에만 주로 의존하는 커뮤니케이션을 행했던 사람들을 부분감각형 인간으로 구분하였고, 인쇄기를 인류 최악의 발명품이라고 설명하였다.

[그림 1-2] 복수감각시대의 〈알타미라 벽화〉와
부분감각시대의 〈구텐베르크 인쇄기〉

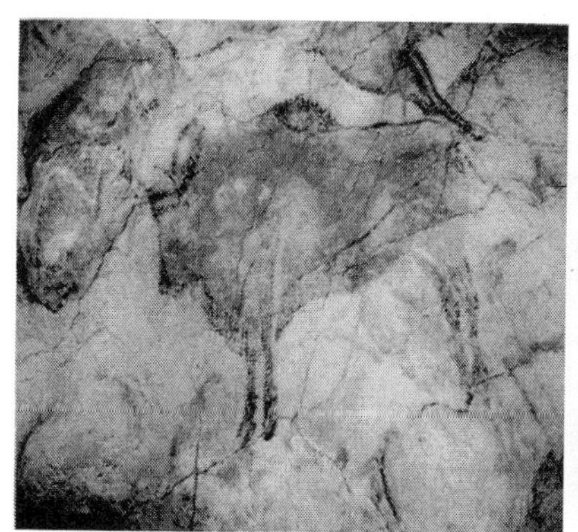

  그리고 이 같은 관점에서 인쇄미디어를 이용한 커뮤니케이션은 다음과 같은 부작용을 초래한 것으로 분석되고 있다. 첫째, 인쇄미디어는 인간들 사이의 정서적 유대와 감성적 공동체 생활을 위축시키고 소외를 증가시켰다. 인쇄미디어를 통한 커뮤니케이션은 사람들 사이의 대화와 만남을 감소시킨 것이다. 또한 인쇄미디어 이전의 '접촉의 문화'는 '분리의 문화'로 그리고 구체적인 '경험의 문화'가 '추상적 상징의 문화'로 전환되었다. 둘째, 인쇄미디어는 개인주의의 탄생에 결정적인 기여를 하였다. 인간은 인쇄미디어에 의해 등장한 독서라는 개인적 활동을 통해 글을 읽으며 혼자 사색하는 습관을 가지게 되었고, 이러한 습관은 개인주의의 탄생의 추동력으로 작용했다. 인쇄미디어의 시대에 인류는 개인 자신의 모습에 눈을 돌리게 된 것이다. 그 결과 개인의 정체성, 즉 '나는 누구인가' 하는 문제가 대두되었고, 인간은 개인적인 동물이 되어 갔으며, 공유의 문화가 사적 소유의 문화로 변질되어 지식의 공유 대신 저작권의 개념도 등장하게 되었다. 셋째, 인쇄미디어는 인간을 탈(脫)개성화하고 규격화된 인간을 만들어냈다. 구어적 커뮤니케이션이 인쇄미디어에 기반을 둔 커뮤니케이션으로 대체되면서 구어적 커뮤니케이션이 지니는 다양성과 복합성이 위축되고 맞춤법과 문법 등 획일적인 문어적 표현이 지배하게 되었다. 넷째, 인쇄미디어의 등장에 따른 이성에 대한 지나친 가치부여는 감성적 부분이 위축시키고 전인적 인간상의 상실을 초래하였다. 인쇄미디어는 활자를 읽어가는 과정에서 메시지를 논리적이고 순차적이며 선형적으로 인식하게 하기 때문에 이성적 사고를 형성하도록 영향을 미친다. 이에 따라 인간은 감성적 부분에 해당하는 예술작품들 까지도 끊임없이 분석하고 논리적으로 설명하려고 시도하게 되었다.

하지만 인쇄미디어의 부작용은 다양한 감각을 복합적으로 사용하여 커뮤니케이션할 수 있도록 하는 새로운 미디어가 등장하면서 극복되고 있다. 텔레비전이나 인터넷 등과 같은 혁신적 미디어의 등장은 감성적 커뮤니케이션 영역을 부분적으로 복원시키면서 이성적 커뮤니케이션의 치명적인 약점들을 해소시키는 역할을 수행하고 있는 것이다(조종혁, 1994). 이 같은 '새로운 미디어(new media)'의 등장은 커뮤니케이션 과정에서 촉각·시각·청각 등 복수감각을 사용하게 함으로써 감성적 커뮤니케이션 복원의 단초를 확보하게 하며 균형 잡힌 커뮤니케이션의 도래가능성에 대한 전망을 밝게 하고 있다. 결국 이들 미디어들이 등장함으로써 인간 커뮤니케이션은 이성적 커뮤니케이션이 일방적으로 주도하는 불균형한 커뮤니케이션 형태를 지양하고 보다 균형 잡힌 커뮤니케이션을 실현하게 된 것이다.

맥루한 역시 TV 등 전자미디어의 등장이 인쇄미디어 이용에 따른 시각 중심의 왜곡된 커뮤니케이션 형태를 극복하게 하며, 감성적 커뮤니케이션을 회복시켜줄 것이라고 주장했다. 또한 그는 새로운 미디어들이 세계를 순식간에 연결하고 통합시켜 감각생활이 회복된 지구촌(global village)을 형성한다고 1962년 저서 <구텐베르크 은하계>에서 설명하였다. 지구촌시대에는 모든 것이 동굴 안에서 모든 것과 공명(共鳴)하는 옛날 부족사회의 공명함과 같아서 사람들은 전반적 인식을 한다. 이 때문에 지난날의 유물들, 즉 가치라든지 조건반응이나 태도와 같은 개념, 관점 같은 것들은 의미를 잃는다. 이를 가리켜 맥루한은 '공명공간(共鳴空間, echo chamber)' 또는 '음향공간(acoustic space)'이라고 불렀으며, 이것이 발전되어 지구촌 개념이 탄생한 것이다. 따라서 TV나 인터넷 등 새로운 미디어의 등장은 활자와 시각에 종속된 이성 중심의 커뮤니케이션 상황에서 다양한 감각기관을 복합적으로 활용하는 감성적 커뮤니케이션 상황으로의 패러다임의 전환을 의미하는 것이라고 해석될 수 있겠다.

[표 1-4] 감성적 커뮤니케이션과 이성적 커뮤니케이션의 비교

구두미디어 시대 (감성적)	쓰기와 인쇄미디어 시대 (이성적)
시청각 문화(복수감각)	시각문화
원문화(집단 간의 관계)	직선문화(독립된 개인 중심의 문화)
접촉: 대인간의 문화	분리문화(개인적 문화)
경험문화	상징 / 추상의 문화

제 *2* 부

감성사회, 감성문화

정보화 사회 다음엔 '드림 소사이어티(Dream Society·꿈의 사회)'라는
해일(海溢)이 밀려온다. 경제의 주력 엔진이 '정보'에서
'이미지'로 넘어가고, 상상력과 창조성이 핵심 국가 경쟁력이 된다.
▶ 미래학의 대부, 짐 데이토(Jim Dator)

미래 기술의 핵심은 단순성(simplicity),
환경·인간에 대한 순응성(adaptability), 창조성(creativity)이다.
과거 산업기술은 인간을 이해하지 못했다.
미래 디지털 기술은 인간을 배우면서 인간을 이해하는 쪽으로 나아가고 있다.
더 많은 인간의 정보를 기술이 습득할수록 인류는 도움을 받게 될 것이다.
▶ MIT 미디어랩 프랭크 모스(Frank Moss) 소장 인터뷰 중에서

1. 인간다움은 명품의 전제조건이다

◎ 감성사회, 감성을 거래하다

　감성의 가치가 부각되고 있다. 특히 경제적이고 비즈니스적인 측면에서 감성이 창출하는 부가가치와 효과가 주목받고 있다. 인간의 감성은 새로운 전자적 미디어들에 의해 자극받으며 회복되고 있다. 또한 소득과 여가시간의 증대, 교통망의 발달, 고령화와 가족구조의 변화 등에 따라 감성적인 삶의 질 향상에 대한 욕구가 증대되고 있다. 더불어 인간의 판단과 행위에서 감성이 차지하는 기능적 중요성도 밝혀지고 있다. 치열한 경쟁상황에 내몰리고 있는 비즈니스 조직들은 경쟁력 확보를 위한 차별화의 방법으로 소비자의 감성만족을 목표로 하는 경영과 마케팅 방식을 도입하고 있다. 또한 각 기업들 간의 기술력의 격차가 감소하면서 소비자의 감성에 소구하는 제품디자인의 중요성도 대두되고 있다. 이제 사회는 감성사회로 진입하고 있는 것이다.

[표 2-1] 감성사회의 특성

구분	산업사회	감성사회
생산방식	대량생산(mass production) 표준화(standardization)	대량주문(mass customization) 특성화(specialization)
상호관계	중앙집중(centrality)	네트워크(network)
사회적 경향	동질성(homogeneity) 통일성(uniformity)	이질성(heterogeneity) 차별성(distinction)

감성이 사회의 주요한 메가트랜드 중 하나로 자리매김하고 있다. 미래학자 존 나이스빗(Naisbitt, J.)은 자신의 저서 <메가트랜드(Mega Trend)>에서 21세기를 '3F 시대'로 규정하면서 "21세기는 느낌(Feeling), 가상(Fiction) 그리고 여성(Female)이 주도할 것"이라고 전망하였다. 특히 획일성과 질서가 아닌 '다양성'으로 가치가 이전하면서 감성적 측면이 중요해짐을 강조한 바 있다. 또한 일본의 경제주간지인 닛케이비즈니스는 일본 기업들이 돈 많은 단카이 세대(1947~49년에 출생한 일본의 베이붐 세대로 약 700만 명에 이를 것으로 추산)를 타깃으로 한 뉴비즈니스에 주력하고 있으며, 여기에는 미래(Future), 가족(Family), 재미(Fun) 등 '3F 시장'이 주를 이루고 있다고 보도하였다. 느낌과 재미 등 감성이 사회를 지배하는 중요한 가치 중 하나로 부각되고 있는 것이다.

실제로 이러한 트렌드를 반영하여 관광의 경우, 자연관광·모험관광·문화관광·테마관광·크루즈관광 등 감성체험 중심의 관광으로 다양화되고 있는 가운데 미래의 관광산업 역시 색다른 경험과 3E(Entertainment, Excitement, Education)가 결합된 감성체험 관광행태가 주류를 이룰 것으로 전망되고 있다.

[그림 2-1] 감성만족을 지향하는 체험관광

　　명품의류와 같이 디지털기기에도 브랜드에 민감하게 반응하는 '브랜드 홀릭(Brand-holic)' 등 충성스런 디지털 브랜드 추종자집단도 등장하고 있다. 이들은 디지털기기의 기능뿐 아니라 자신의 감성에 맞는 디자인에도 주목하고 있으며, 자신의 감성적 취향과 욕구를 만족시키는 상품에 대해서는 매니아적 성향을 나타낸다. 예컨대, '애플 홀릭(Apple-holic)'이라 불리는 이들은 세계 각국의 새로 여는 애플매장을 성지처럼 방문하는 애플 매니아들이다. 애플 매니아의 형성에는 애플의 차별적인 감성마케팅과 감성적으로 디자인된 아이팟(iPod) 플레이어의 인기가 기폭제로 되었다. 애플이 경품으로 주는 2,500장 한정 티셔츠는 이들의 주된 콜렉션 대상이다. 애플 홀릭의 활약으로 애플 아이팟 시리즈의 액세서리 시장은 황금시장이 된 지 오래이며, 애플 포장재들을 인테리어 소품으로 활용하는 등 새로운 애플 홀릭도 등장하고 있다.

[그림 2-2] 대표적인 '브랜드 홀릭' 제품들

　　이러한 경향이 대두되자 첨단 IT기업들은 패션과 같은 감성관련 산업분야와 결합하여 새로운 디지털 명품을 탄생시키고 있다. 디지털 기기의 특성상 대량생산 및 복제로 개성이 없다는 단점을 극복하기 위해 소비자에게 감수성과 자부심 등을 제공할 수 있는 상품을 생산하고 있는 것이다. 2000년대 들어 이미 세계 이동전화시장을 지배하기 시작한 노키아는 자신의 고객층을 14단계로 세분화하고, 그중 전 세계 0.001%에게 휴대폰을 팔기 위해 '버투(Vertu)'라는 브랜드를 만들어내 고급화를 시도하였다. '버투'는 최저가격이 700만 원에 달하고, 3천만 원이 넘는 스페셜 버전과 2억 원을 호가하는 한정판까지 만들어내 예상외의 성공을 거두었다. 삼성전자는 '비앤오(B&O)'와 손잡고 '세린(Serene)'을 개발하였고, 최근에는 두 번째 합작폰인 '세레나타폰'을 출시하였다. 세레나타폰은 세계적인 명품 오디오 업체인 뱅앤올룹슨(Bang&Oulfsen)과 공동기획, 제작하여 기존의 통념을 깨는 파격적인 디자인으로 사람들의 시선을 모은 바 있으며, 세린폰은 높은 가격에도 불구하고 수만 대가 판매되었다. 또한 LG는 '프라다폰'을 개발하여 국내 소비자들은 물론 전 세계 소비자들의 감성소비를 유인하였다. 이 밖에도 '아르마니 TV', '보르도TV', '람보르기니 노트북' 등 다양한 디지털 기기들이 감성을 자극하는 명품상품화 전략에 의해 지속적으로 출시되고 있다.

또한 '백 투 더 컬처(back to the culture)' 또는 아날로그 노스탤지어로 은유되는 과거회귀지향적인 '감성적 소비' 경향도 대두되고 있다. 최첨단 기기가 소개되고 있는 디지털 시대에도 아날로그 제품에 대한 소비가 지속적으로 이루어지고 있는 것이다. PDP와 LCD TV 등 첨단 제품이 대세임에도 브라운관 TV와 카세트테이프 등 아날로그 제품들이 온라인 매장에서 여전히 인기를 얻고 있다. 이 같은 소비 경향의 근원에는 기능에 대한 수요보다는 향수와 추억 등 감수성에 대한 수요가 존재한다. 디지털화가 고도화되면서 아날로그적 감성에 대한 향수가 부상하고, 이에 따라 아날로그 상품에 대한 소비가 새로운 트렌드로 떠오르고 있는 것이다. 이러한 아날로그 지향적 소비는 '레트로(retro)'라는 개념으로 설명될 수 있다. 재(再)유행, 리바이벌을 뜻하는 레트로는 '복고, 복고주의'를 대신해서 쓰이면서 최근 유행 트렌드를 주도하는 말로 자리잡고 있다.

실제로 '옥션'에서는 청계천 복개공사로 명성을 잃고 그나마 동대문운동장에서 명맥을 유지해 오던 황학동 벼룩시장을 연상케 하는 온라인 장터가 열리기도 하였다. 꽃문양 떡살, 무쇠다리미, 트랜지스터 라디오, 양은도시락, 나이테 주판 등 독특한 옛 물건들의 거래가 늘어나는 추세이다. 또한 1983년 만화로 출판되어 1986년 영화로까지 대(大)흥행을 한 '공포의 외인구단'이 20여 년 만에 광고로 돌아오기도 하였다. 의류메이커인 'TNGT'는 '공포의 외인구단'을 광고에 활용하여 80년대 만화방 세대의 향수를 자극하였다. 또한 이탈리아 패션 브랜드 '엠포리오 아르마니'는 태엽을 감아 쓰는 '기계식' 손목시계를 선보인 바 있다. 부품 불량으로 사진이 뿌옇게 나오는 러시아산 수동 카메라 '로모(lomo)'는 오히려 '사진을 찍으면 옛날 사진처럼 보인다'고 알려지면서 일찌감치 인기 상품이 됐다.

[그림 2-3] 기계식 카메라의 인기를 재점화한 로모(lomo)

디지털 턴테이블도 아날로그의 향수를 자극하는 상품이다. 디지털 턴테이블은 LP레코드판을 통해 음악을 들을 수 있는 동시에 감상 중인 음악을 MP3 파일로 변환할 수도 있도록 되어 있다. LP의 추억을 그리워하는 소비자들은 디지털 턴테이블을 통해 옛 시절의 향수를 떠

올리며 감성적인 만족을 경험하게 된다. 또한 추억의 애니메이션이 안방극장으로 돌아오기도 한다. 위성케이블과 위성DMB를 중심으로 2007년부터 <들장미소녀 캔디>를 비롯해 <모래요정 바람돌이>, <우주소년 아톰>, <미래소년 코난> 등 애니메이션을 방영하기도 하였다. 20~30대의 추억을 자극한 것이다. 2007년 한국 음반시장의 최대 히트상품이라 할 수 있는 <원더걸스>와 <소녀시대> 역시 1980년대의 히트곡을 샘플링하거나 리메이크함으로써 30대와 40대의 감성을 자극하였다. 실제로 원더걸스의 빅 히트곡인 '텔미(Tell me)'는 1980년대 인기 팝스타 <스테이시 큐(Stacey Q)>의 '투 오브 하츠(Two of hearts)'를 샘플링하였고, 소녀시대는 그룹명과 동명의 곡인 이승철의 1989년 히트곡인 '소녀시대'를 리메이크했다.

[그림 2-4] 추억의 감수성을 자극한 〈원더걸스〉와
원작을 제공한 〈스테이시 큐〉

이처럼 디지털 시대에 아날로그가 주목받는 가장 큰 이유는 휴머니티(humanity)에 대한 그리움에서 찾아진다. 즉 하루가 다르게 고도화

되고 있는 디지털 사회에 비례해서 상대적으로 위축되고 있는 인간적 감수성에 대한 욕구도 증가하고 있는 것이다.

[그림 2-5] '아날로그 노스탤지어'를 자극하는 전자제품들

◎ 감수성으로 관계 맺기

우리사회에 따뜻한 감수성을 공유할 수 있는 감성적 인간관계에 대한 요구도 증가하고 있다. 정보기술이 고도화되고 정보의 양이 무한대로 늘어가면서 사회는 고급정보를 얼마나 빠르게 획득하느냐에 따라 생존의 여부가 갈리는 지식정보사회로 이동하고 있다. 이 같은 지식정보사회의 핵심은 네트워크, 즉 관계에 있다. 컴퓨터 네트워크를 통하여 사람과 사람, 사람과 시스템, 시스템과 시스템 등 여러 형태로 관계를 맺고 그 속에서 지식과 정보를 공유하고 창출한다. 정보사회의 구성원들은 관계에 얽혀 매일 정보를 수집하고 분석하고 전달한

다. 지식정보사회에서 정보와 지식은 힘이 되며 부(富)가 된다. 지식과 정보가 없는 사람은 더욱 빈곤해지고 많은 사람은 더욱 부자가 된다. 특히 지식은 기존의 알고 있는 지식 위에 새롭게 추가되는 것만이 가능하기 때문에 지식이 없거나 부족했던 사람은 새로운 지식을 얻기 쉽지 않다. 그리고 새롭게 지식과 정보를 공유하고 창출할 수 있는 기술적 소프트웨어와 하드웨어 및 인프라도 급속도로 고도화되고 있다. 하지만 이렇게 지식을 얻고 공유하는 과정에서 감성의 공감이 없다면 그것은 100일을 맞은 애인에게 생화 대신 조화를 선물하는 것의 다름 아닐 것이다. 따라서 이러한 문제점을 해결하고자 기존의 차가운 지식정보사회에서 진일보된 따뜻한 감성사회가 떠오르고 있는 것이다. 이전에는 합리적이고 계획적인 사람이 인정받았으나, 이제 감성적이고 풍부한 스토리를 갖고 있는 사람들이 주류로 등장할 수도 있을 것이다.

감성사회의 관계에는 지식과 정보뿐 아니라 상호간의 공감대가 존재한다. 그리고 이러한 감성적 공감대는 '지적인 성숙함'에서 나온다. '지적인 성숙함'이란 자신의 감정을 통제하고 타인을 배려할 줄 아는 능력이다. 이른바 감성리더십이 중요시되는 것이다. 법정 스님은 "진정한 만남은 상호간의 눈뜸이다. 영혼의 진동이 없으면 그건 만남이 아니라 한때의 마주침이다. 그런 만남을 위해서는 자기 자신을 끝없이 가꾸고 다스려야 한다. 좋은 친구를 만나려면 먼저 나 자신이 좋은 친구감이 되어야 한다. 왜냐하면 친구란 내심부름에 대한 응답이기 때문이다."라며 주변 사람들과의 관계 지음이 우리 삶에 있어서 무엇보다도 중요한 요소임을 강조하였다. 또한 파스칼은 "당신은 자기 자신도 모르면서 어떻게 산을 알겠는가?"라고 말하며 자신을 아는 사람만이 따뜻한 감성의 태양을 누릴 수 있다고 주장하였다. 자신을 알고 있는 사람만이 타인을 배려할 줄 안다는 의미이다. 이것은 다른 사람들에 대한 감정이입을 할 수 있는 능력이기도 하다. 감성사회는 역설적으로 감성 만족과 공감대의 희귀성이 증가하는 사회이기도 하다. 제품 하나하나에도 감정이 이입되고 스토리를 지녀야 판매가 되는 것도 이러한 이유에서이다. 지금은 차가운 머리로만 소구하는 사회가 아니라 따뜻한 가슴으로 공감대를 형성하며 인간적인 냄새를 풍겨야 하는 사회로 변모해가고 있다.

2. 감성, 역량을 키워라

◎ 감성지능과 감성역량

감성과 감성지능은 다른 차원으로 구분된다. 감성지수(EQ)로 측정되는 감성지능은 대니얼 골맨(Goleman, D.)이 그의 저서 <감성지능(Emotional Intelligence)>에서 제시하면서 대중화된 개념으로서 쉽게 말해 감정과 느낌을 통제하고 조절할 줄 아는 능력을 가리킨다.

[표 2-2] 감성지능의 다섯 가지 요소

구분	정의	특징
자아 인식력	▪자신의 기분, 감정, 취향 등과 이러한 것이 타인에게 미치는 영향을 인식하고 이해하는 능력	− 자신감 − 실질적인 자기평가 − 스스로를 비웃을 수 있는 유머감각
자기 통제력	▪부정적인 충동과 기분을 통제하거나 바꿀 수 있는 능력 ▪행동하기 전 판단을 위해 잠시 멈출 수 있는 성향	− 신뢰와 성실성 − 모호성에 대한 인내력 − 변화에 대한 개방성
동기 부여	▪돈이나 지위를 초월해 직무를 성공적으로 수행하려는 열정 ▪힘과 끈기를 가지고 목표를 추구하는 성향	− 강한 성취욕구 − 실패해도 낙관적인 태도 유지 − 조직에 대한 애착심
감정 이입	▪다른 사람의 감정을 헤아려 이해하는 능력 ▪다른 사람의 감정적인 반응에 대응하고 처리하는 기술	− 능력을 개발하고 유지하는 능력 − 다른 문화를 받아들이는 감수성 − 고객에 대한 봉사
사교성	▪인간관계를 형성하고 관리하는 능력 ▪공동의 입장을 발견하고 친밀한 관계를 형성하는 능력	− 변화를 주도하는 데 있어서 효과성 − 설득력 − 팀을 조직하고 이끄는 능력

출처: Daniel Goleman(1998).

당시 <타임(Time)>의 표지에는 EQ가 핵심기사로 소개되었으며, 성격척도는 감성지능이라는 이름으로 개발되기도 하였다. 이로 인해 대중적인 관심을 얻게 되었고, 그해 EQ는 '미국방언협회(ADS: American Dialect Society)'에서 한 해 동안 가장 유용했던 새로운 용어로 선정되기도 하였다.

한편, 골맨은 감성에 잘 빠진다고 해서 감성지능이 반드시 높은 것은 아니라고 설명한다. 감성지능은 감성에 이성이 더해져서 발휘된다는 것이다. 감성에 잘 빠지는 사람은 감성지능이 높은 사람에게 오히려 자주 이용당하기도 한다. 따라서 풍부한 감성으로 자신의 삶을 느끼면서도 감성지능은 키워야 하며 이를 위해서는 '자기인식능력(self awareness)', '자기 관리능력(self management)', '사회적 인식능력(social awareness)' 그리고 '관계 관리능력(relationship management)' 등 네 가지 요소로 구성된 감성역량을 개발해야 한다.

[그림 2-6] 감성역량의 구조

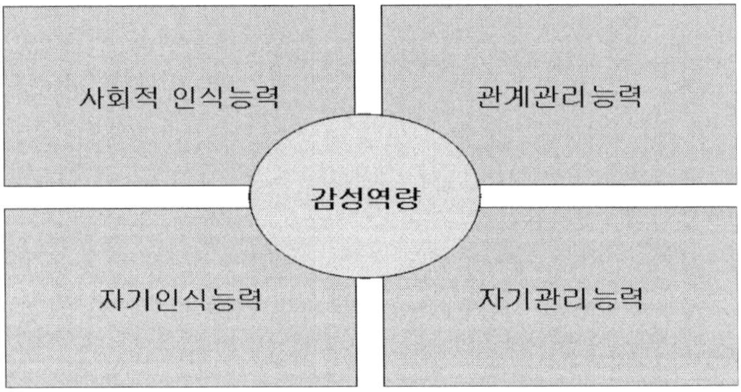

먼저 '자기인식능력'은 자신의 가치관, 감정상태, 목표점 등 본인의 현재 상태를 정확히 인식하고 포지셔닝하는 능력이다. 다음으로 '자기관리능력'은 스스로를 통제하고 다스릴 수 있는 능력이다. '사회적 인식능력'은 자신에 대한 인식과 제어가 기반이 되되 다른 사람의 감정상태를 깊이 이해할 수 있는 능력이다. 즉 이 능력은 감성을 기반으로 타인을 성찰하고 감성커뮤니케이션을 할 수 있는 능력을 의미한

다. 마지막으로 '관계관리능력'은 앞의 세 능력을 기반으로 자신과 타인을 탄력적으로 통제할 수 있는 능력이다. 이 능력에는 고도의 설득력, 피드백, 코칭, 동기부여, 관심유발 등 다양한 기법이 수반된다.

한편, 최근에 감성지능이 많은 관심을 받게 된 배경은 다음과 같다. 그동안 인류가 지속적으로 관심을 두었던 주제는 인간문제의 해결이 아니라 최근 인류의 문명을 꽃피웠던 기술문제 해결에 치우쳐 왔었다. 이로 인해서 비인간화와 인간성 상실 등 문제가 야기되면서 새로운 솔루션이 필요했던 것이다. 이러한 상황에서 인간이 실제로 무엇을 느끼고 무엇을 생각하는지, 즉 인간문제에 대한 해결의 답을 얻을 수 있는 해결책으로서 감성지능에 대한 연구가 부상하게 된 것이다.

◎ 재미와 즐거움이 감성사회의 키워드

1950년대의 춘궁기(春窮期)니 보릿고개니 절량농가(絶糧農家)니 하는 지독한 가난의 시기를 거쳐서, 불과 30여 년 전인 1970년대만 해도 먹고살 걱정이 가장 우선이었고, 잘 먹고 잘 사는 것이 인생최대의 목표였다. 하지만 기술이 발달하고 삶이 윤택해지며 여가(餘暇)가 확대됨에 따라 재미있고 즐겁게 사는 것이 인생의 가장 중요한 목표가 되고 있다. 그리고 이러한 경향에 따라 모든 상품과 서비스에 기능적인 우수함 이외의 '재미와 즐거움'이라는 요소가 추가되고 있고 엔터테인먼트 산업이 부상하고 있다. 교육과 엔터테인먼트가 합쳐져 재미있는 학습이 가능하게 된 '에듀테인먼트'가 등장하고 있고, 정보와 엔터테인먼트가 합쳐져 정보성 오락콘텐츠인 '인포테인먼트'도 제작이 활발하게 이루어지고 있다. 이 밖에도 '워크테인먼트', '스포테인먼트', '카테인먼트' 등 다양한 분야들이 새롭게 엔터테인먼트와 조우하고 있다.

최근에는 재미와 즐거움의 감동이 감성시대의 문화적 핵심 코드로 자리하고 있다. 용기 있는 자가 미인을 얻는 시대에서 재미있는 자가 미인을 얻는 시대로 바뀌고 있는 것이다. 실제로 정치인이나 경영인들은 센스 있는 유머를 구사하기 위해 노력을 기울인다. 재미있는 정치인이나 기업 경영인이 더 높은 지지를 받고 더 많은 호감을 얻기 때문이다. 2006년 12월 열린 유엔 출입기자단 송년 만찬에서 반기문 유엔총장은 뛰어난 재치와 유머 감각으로 370여 명의 유엔 기자단을 사로잡았다. 빌 클린턴 전 대통령에 이어 연단에 오른 반 총장은 마이크를 잡자마자 농담으로 이야기를 풀어나갔다. 그는 "클린턴 뒤에 연설하는 건 프랭크 시내트라 뒤에 노래하는 셈"이라고 비유, 웃음을 자아냈다. 그의 유머는 연설 말미에 절정에 달했다. 크리스마스 캐럴인 '산타클로스 이즈 커밍 투 타운'을 '반기문 이즈 커밍 투 타운'으로 개사해 직접 노래를 부른 것이다. 서툰 노래 솜씨였지만 그는 큰 박수와 환호를 받으며 연설을 마무리했고 다음날 뉴욕타임즈를 비롯한 세계 유수의 신문에서는 반 총장의 유머를 인상 깊게 평가하며 크게 보도했다.

재미와 즐거움은 비즈니스 영역에서도 '펀(fun) 경영'과 '펀(fun) 마케팅' 등 개념으로 적용되고 있다. 예컨대 1971년 지역항공사에 불과했던 '사우스웨스트 항공사'는 'fun'이라는 테마를 활용해 커다란 성공을 거두었다. 사우스웨스트 항공의 허브 켈러 회장은 "재미도 함께 팔겠다."라고 공언하면서 기내에서 코미디 분장쇼를 한다든가 기내

화장실에 몇 명까지 들어갈 수 있는지 콘테스트를 여는 등 재미와 결합된 이벤트를 벌였다. 반바지를 입은 승무원들은 기내방송을 랩으로 하는가 하면 유머를 곁들인 안내멘트를 통해 승객을 즐겁게 한다.

[그림 2-7] 감성사회의 핵심 키워드 'fun'을 활용한 마케팅과 경영

또한, 이 항공사는 특별한 기내 서비스 제공을 위해 독특한 트레이닝 프로그램을 운영하고 있는데, 안전수칙을 노래와 율동을 접목시켜 승무원들이 공연하는 것이 그것이다. 이런 뜻밖의 즐거움이 탑승객들의 만족도를 높여주고 있다. 실제 항공기를 탑승하면 다음과 같은 안내방송이 나온다. "만일 저희 서비스에 만족하시지 못하신다면, 앞쪽 2개, 뒤쪽 2개의 비상 출구가 있으니 밖으로 뛰어내리시기 바랍니다." 또한 승객이 원하면 비행기 조종석을 구경할 수도 있고 직접 승무원 체험을 해볼 수도 있다. 사우스웨스트항공의 비행기 안에서는 지루함이란 있을 수 없다. 재미와 체험을 극대화하여 소비자의 욕구를 충족시켜준 성공적인 사례다. 또한 직원들에 대한 업무의 동기부여도 확

실히 이끌어냈다. 이 회사가 경쟁사보다 높지 않은 급여에도 불구하고 매년 8% 이상의 높은 성장을 유지하고 있는 이유는 바로 일을 재미있게 할 수 있도록 해주는 기업문화 덕분이다. 이렇듯 감성사회에서는 정치·경제·문화를 비롯한 사회 전반에 즐거움과 재미가 핵심 키워드로 작동하고 있다.

◎ 감성 소비자는 모순투성이

감성사회의 소비자는 철저하게 '자기 자신을 추구(personalization)' 한다. 자신을 위해서는 초고가의 명품(위버 프리미엄, Uber Premium) 구입을 주저하지 않고, 이를 자신을 위한 선물(self gifting)이라고 여기며 자신만의 개인적 정체성을 강하게 추구하는 '아이디비듀얼리즘(I'Dividualism: 유행에 영향을 받지 않고 자신만의 정체성을 추구하는 개인주의)' 경향이 관찰되기도 한다. 위버 프리미엄은 대다수의 소비자들이 접근할 수 없는 것을 뜻한다. 위버 프리미엄이 현 경제상황에서 증가하고 있다는 것에 대해 의문을 가질 사람은 없다. 독점할 수 있는 개인적인 경험은 정형화된 상품이 가질 수 없으며 모방하기 힘든 유니크함을 제공한다. "인간은 성(sex)과 위신(status)을 위해서는 돈을 아끼지 않는다."라는 명제가 현대 사회의 소비자들에게서 증명되고 있는 셈이다.

개성 강한 개인주의를 지향하는 감성사회 소비자의 소비패턴에는 다면적인 특징들이 공존하는 가운데, 뚜렷한 감성지향적 소비패턴이라는 공통점도 존재한다. 감성사회 소비자들은 홀리즘(holism)과 미이즘(meism)이라는 특징을 동시에 지니고 있다. 홀리즘은 집단적 소비를 그리고 미이즘은 개인 중심의 소비행태를 대변하는 용어이다. 감성사회의 소비자들은 또한 유목민처럼 이동과 속도를 중시하는 디지털 노마디즘(digital nomadism)과 코쿠니즘(cocoonism)이라는 양면적 특징도 함께 지니고 있다. 이동과 속도를 중시하는 유목민족 성향은 물론 안정과 정착을 중시하는 농경민적 성향이 공존하는 것이다. 그리고 감성사회의 소비자들은 디지털 합리주의(rationalism)와 디지털 탐미주의(estheticism)라는 모순적 특징을 함께 지니고 있다. 즉 감성적 소비자들은 이성적이며 합리적 소비를 추구하는 동시에 감성적이며 과시적인 소비를 하기도 한다.

[그림 2-8] 누구나 얻을 수 없는 초고가의 소비제품군, 위버 프리미엄

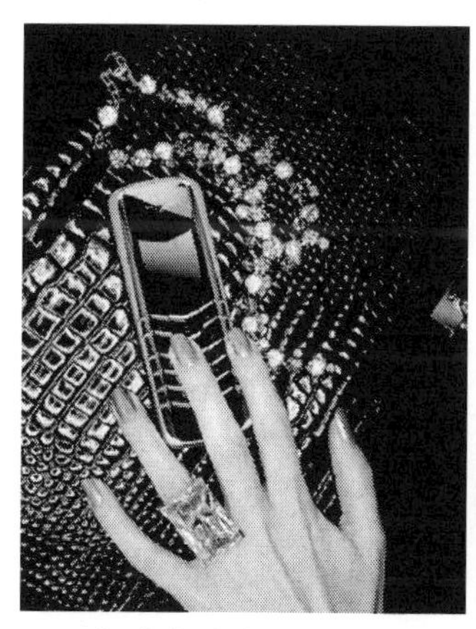

* 8만 달러 다이아몬드 장식된 vertu 핸드폰과 7성호텔 버즈 알 아랍(Burj Al Arab)

한편 감성사회의 소비자들은 소비자의 위치에만 머물러 있지 않으며, 생산에도 적극 참여한다. 이러한 소비자를 프로슈머(Prosumer)라

고 부른다. 즉 프로슈머란 기존의 소비의 주체였던 소비자(consumer)
가 생산(product)의 주체로서도 부각되고 새로운 소비자 트렌드를 의
미하는 것이다. 프로슈머는 개성 강한 취향과 풍부한 감성 및 창의성
으로 무장하고 각종 디지털 장비를 능숙하게 이용하여 기존의 상품들
을 개인의 선호에 맞게 개인화한 새로운 상품으로 재창작한다.

3. 디지털 기술이 감성시대 견인

◎ 디지털 기술의 진화, 감성기술

　음악이나 영화, 미술과 사진 등 문화와 예술은 각각 고유한 테크놀
로지의 활용을 통해 생산되고 소비된다. 그런데 문화와 예술에 활용
되는 테크놀로지는 테크닉의 로직(테크놀로지)만이 아니라 '감성의 로
직(the logic of sense)'을 함께 구현할 수 있어야 한다. 현대 문화와
예술의 창작과정에서 널리 활용되는 디지털 기술은 다양한 콘텐츠를
보다 편리하게 생산하고 소비할 수 있도록 하였다. 디지털 기술은 이
미지와 사운드는 물론 데이터와 텍스트 등 어떤 형식의 콘텐츠라 할
지라도 손쉽게 편집하고 혼합하며, 저장되고 재생될 수 있도록 하였

다. '아톰(atom: 물질적 구성의 최소단위)'의 세계, 즉 아날로그의 세계에서 이미지·사운드·데이터·텍스트는 각자의 방에 갇혀 있는 섞이고 합쳐지기 어려운 개별적이고 독립적인 것이었다. 하지만 비트(bit: 전자적 구성의 최소단위)의 세계, 즉 디지털의 세계에서는 다양한 형식의 콘텐츠들이 자유롭게 어울리고 뒤섞이며 교배할 수 있는 대전환이 이루어졌다. 그로 인해 각각의 콘텐츠들이 이전의 이미지·사운드·데이터·텍스트라는 각자의 방에 갇혀 있을 때와는 전혀 다른 감성을 창출할 수 있게 되었고, 이것은 '감성의 퓨전화(fusionization of senses)'를 추동하고 있다.

MIT 미디어 랩(Media Lab)의 네그로폰테(Negrophonte) 소장은 이미지·사운드·데이터·텍스트의 비트들이 뒤섞일 수 있다는 것은 곧 느낌과 감각의 혼용이 가능하게 되었다는 것을 의미하며, 이것이 저장되고 확장되며 전달되고 소비되면서 퓨전적 감성을 자극한다고 이야기하였다. 이렇게 보면, 디지털 미디어란 결국 인간의 모든 감각, 즉 보고, 듣고, 말하고, 냄새 맡고, 맛보고, 느끼는 다면체적 감각에 접근해가는 미디어라고 말할 수 있게 된다. 본래 인간은 이(耳)·목(目)·구(口)·비(鼻)·미(味)·후(喉) 등 다양한 감각능력을 지니고 있고 이것을 복합적으로 처리하여 표출하고 표현할 수 있는 능력도 소유하고 있다. 다만 그 감각능력을 공간적 한계를 넘어 멀리 떨어져 있는 사람에게 전달하거나, 시간적 제약을 뛰어넘어 저장했다가 재현하는 것이 불가능했을 뿐이다. 그래서 그 공간적 한계와 시간적 제약을 극복하기 위해 각종의 미디어들이 출현했다. 맥루한이 미디어를 가리켜 '인간의 확장'이라고 보았던 것도 바로 이 때문이다. 그러나 인류 역사에서 등장한 미디어들은 하나 혹은 둘의 감각능력의 확장에 불과한 것들이었다. 인간이 가진 모든 감각기관을 동시적으로 확장할 수는 없었다. 조금 과장하면 모든 미디어는 신문, 잡지, 라디오와 같이 단일한 감각만을 자극하는 모노미디어(monomedia)에 그쳤던 셈이다.

인간은 다양한 감각기관을 통해 외부 세계의 자극을 받아들이고 총체적이고 종합적으로 분석하며 반응한다. 하지만 '인간의 확장'으로서의 기존의 미디어는 특정한 감각기관만이 활용되도록 하였다. 미디어를 이용한 커뮤니케이션은 결국 인간감각의 분화와 분절인 동시에 해체를 의미하는 것이었다. 이것은 결과적으로 세계의 구성적 본질을 총괄적으로 느끼고 이해하는 인간의 능력을 감소시키고 세계에 대한 인식 자체를 특정 감각에의 편중으로 굴절 및 왜곡시키는 결과를 낳았다. 즉 특정한 감각능력에 의존하는 '모노미디어'는 인간 본래의 총체적이었던 감각능력을 제한하고 특정 감각기관만을 강화시킴으로써 인간의 감각능력이 갖는 총괄적 균형을 허물어버리게 만들었던 것이다. 이처럼 균형을 상실해버린 인간의 감각능력을 다시 되살릴 수 있는 방향으로 나아간다는 차원에서 '감성의 퓨전화'를 가능하게 하는 디지털 미디어는 인류의 역사와 문명에 중요한 가치를 제공한다. 디지털 미디어는 인간감각의 다양한 요소를 시간적·공간적 제약을 넘어 저장·확장·전달·재생하는 것을 가능하게 해주기 때문이다.

◎ 디지털 테크놀로지 시대의 감성문화

디지털미디어가 커뮤니케이션의 중심이 되는 감성의 퓨전시대에는 문화를 '느끼는 법(ways of sensing)'을 익히는 것이 무엇보다 중요하게 요구된다. 디지털 미디어가 등장하기 이전의 근대사회에서 문화는 '느끼는 것'이기보다는 '읽고 보는 것'이었다. 읽는다는 행위는 사물에 거리를 두고 '대상화'하는 것을 전제한다. 또한 사물을 대상화한다는 것은 '보는 주체와 보이는 객체의 이분법'에 기반을 둔다. 그리고 이러한 이분법과 대상화의 연장선에 이른바 '원근법'이 자리잡고 있다. 이 모두는 근대의 산물이며, 특히 읽는다는 행위는 철저히 근대적인 행위이다.

이 근대적인 행위를 이데올로기화한 것의 다름 아닌 '보는 법(ways of seeing)'이다. 우리는 그림을 사각형 프레임에 넣고 보는 것에 얼마나 길들여졌던가! 어디 그림뿐인가! 음악도 사각형의 프레임을 옮겨놓은 콘서트홀의 무대 위를 바라보고 듣는 것이 유일한 청중들의 자세인 것처럼 되어버렸다. 연극도 마찬가지이다. 본래 열린 마당에 있던 것이 사각형의 프레임 안에 갇혀버린 지 오래다. 르네상스와 이성 그리고 계산적 합리성의 산물이라고 해야 할 원근법의 위력은 그 후 영화와 텔레비전 심지어는 디지털 시대인 오늘에도 컴퓨터 모니터라는 형태로 우리 앞에 군림하고 있다. 그래서 여전히 일정한 거리를 두고 사물을 대상화해서 보는 것이 모든 문화적 행위의 기본이요 주축인 것처럼 우리의 뇌리에 각인된 것인지 모른다. 그러나 이제는 단순하게 '보는 법'이 아니라 '느끼는 법'이 요구되는 시대가 도래하였다.

디지털 시대는 단지 디지털 테크놀로지가 지배하는 시대가 아니다. 디지털 시대는 고도화된 테크놀로지의 지원 속에서 인간의 오감을 종합적으로 융합하고 확장하는 것이 가능한 시대이다. 그리고 시각편중의 문화예술을 극복하고 오감확장의 문화예술을 재현할 수 있는 가능성이 열리는 시대이기도 하다. 이 같은 의미에서 디지털의 시대는 감성의 시대이며 디지털 문화는 인간이 가지고 있는 오감이 하나로 융합되는 문화, 곧 오감총체의 문화를 창출해낼 수 있다.

◎ 차가운 디지털이 따뜻한 아날로그와 만나다

0과 1로 대변되던 차가운 디지털 시대가 고도화될수록 오히려 따뜻한 아날로그 세대에 대한 그리움도 증가하고 있다. 디지털 기술이 일상생활의 환경과 조건들을 혁신적으로 변화시켰지만 인간적인 감성에 대한 욕구는 완전하게 충족시켜주지 못하고 있기 때문이다. 디지털 신세대는 디지털 기술을 적극적으로 활용함은 물론 그 편리함을 아날로그의 감성으로 응용함으로써 감성문화를 주도한다. 이들을 일컬어 '포스트 디지털 세대(PDG: Post Digital Generation)'라고 부르기도 한다. PDG는 차가운 디지털 환경과 문화 속에서 자랐음에도 불구하고 따뜻한 인간미와 아날로그적인 감성을 지닌 주체적이고 낙천적인 세대로 정의된다. PDG는 1980년부터 1991년 사이에 태어난 세대를 지칭하며 현재 중학교와 고등학교 및 대학교에 재학 중인 학생들이 이 세대의 핵심이다.

PDG가 등장하게 된 배경은 바로 디지털 기술에 의한 개인화와 기계화이다. 기술 발전으로 인해 공동체의 필요성이 줄어들고, 기계가 그 자리를 대신하면서 자연스럽게 개인화된 사회가 형성되었다. 즉 다른 사람들로부터 고립 아닌 고립이 초래되었고, 인간의 정(情)적 상호교류가 단절되고 감소되었다. 기술 발달로 편리한 삶을 살게 되었음에도 그 중심에 인간 상호간의 감성적 교류와 감동의 공유가 없다면 아무 의미가 없다는 것을 인식하고 인간 중심적인 사회를 복구하고자 하는 열망을 가슴에 품은 세대가 바로 PDG이다. 이들은 인간 중심의 가치추구를 위해 가장 효율적으로 디지털 문화를 활용할 수 있는 능력을 지닌 세대이기 때문에 아날로그 시대의 개인보다 진화된 인류의 모습을 대표한다. 이들에게 디지털 미디어와 문화는 자신의 몸과 같이 익숙하고 편안한 것이며, 이 같은 자신감을 바탕으로 아날로그 문화에 길들여져 있는 기성세대와는 다른 방식으로 자신을 표현하고 가치를 추구한다. 이들에게 오프라인과 온라인의 경계는 큰 상관이 없다. 온라인은 오프라인을 위한 세상이며, 오프라인은 온라인의 연장이 되는 세상이기 때문이다. 이들이 사회경제 활동 전면에 나서는 시점이 바로 체험과 감성의 사회가 본격화되는 시기이다.

[그림 2-9] 포스트 디지털 세대(PDG, 13~24세)의 특성

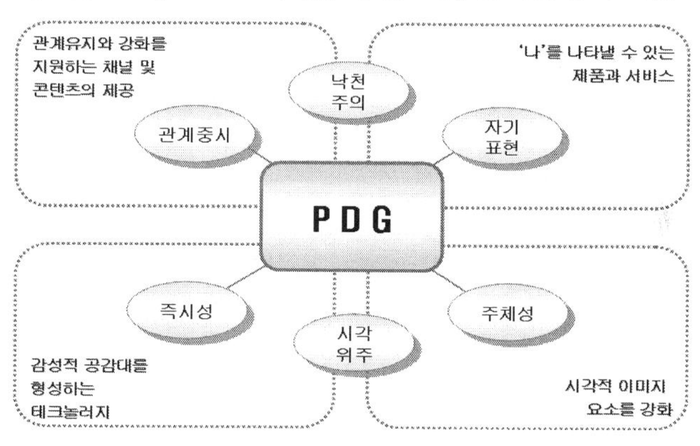

이어령 교수의 저서 <디지로그>에서는 아날로그 사회에서 디지털로 이행하는 과도기 혹은 디지털 기술기반과 아날로그 정서가 융합하는 현상을 '디지로그(Digilog)'로 지칭하고 있다. '혁명'적 변화를 이끌

어온 디지털 기술은 이제 그 부작용과 단점을 보완하기 위해 아날로그적 감성을 불러들이고 있다. 이미 '디지로그'는 디지털 기술의 제품이나 서비스의 한계를 아날로그적 감성으로 보완함으로써 새로운 틈새 영역을 장악하고 있으며 사회·문화·산업 전반에 큰 흐름을 형성하고 있다.

시장에서도 기술의 발전만으로는 21세기의 치열한 경쟁상황에서 생존을 담보할 수 없다는 깨달음이 발생하고 있다. 이제 시장에서도 디지털 기술(제품)이 제대로 굴러가기 위해서는 아날로그적 감성이 존중되고 풍부해져야 하며, 가장 좋은 디지털이란 감성적이고 따뜻하며 인간적인 것이어야 한다는 인식이 자리잡고 있다. 이로써 아날로그적 감성은 디지털의 산물이 아닌 디지털의 기반이 되고 있으며, 원천의 역할을 담당하고 있다. 이제 디지털 기술과 아날로그적 감성은 분리된 의미가 아니고 호혜적이며 상호보완적 관계로 발전하고 있다.

[그림 2-10] 디지로그 사례

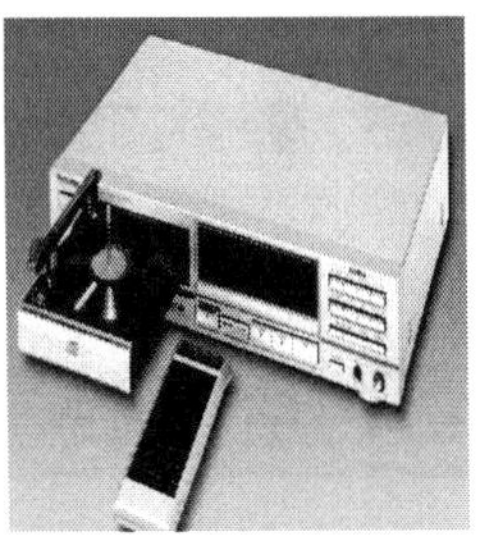

* 1900년대 배경과 디지털 카메라, 노트북과 타자기, DVD플레이어와 LP플레이어

지식과 정보는 액체도 고체도 아닌 '공기(空氣)'에 비유할 수 있다. 공유는 할 수 있어도 독점할 수 없는, 사용은 해도 없어지지 않고 순

환하는 공기의 속성이 바로 지식과 정보의 특성이다. '가치'는 있어도 '가격'은 없는 것이 공기이며 지식과 정보이다. 따라서 지식정보사회에서는 독점보다는 나눔이, 경쟁보다는 협력이 그리고 폐쇄보다는 개방이 우선되어야 한다. 그리고 시장의 가격 못지않게 마음의 가치도 중요하다는 발상의 전환도 필요하며, 그것이 곧 지식정보사회에서 시장을 선점하고 소비대중의 심리를 사로잡는 비법이다(이어령, 2006).

디지로그는 감성문화의 첨병으로 그 역할을 톡톡히 해내고 있다. 최첨단 디지털 제품이지만 그 안에는 그 옛날 우리의 손때 묻은 향수가 서려 있는 감성이 들어 있다. 단순히 최첨단 기술이, 최고의 아이디어가 혹은 산뜻하고 세련된 디자인만으로 이 시대를 리드할 수는 없다. 차가운 디지털에 따뜻한 감성이 입혀져야 비로소 우리가 원하는 제품이 탄생하는 것이다. 실제로 다양한 분야에서 다양한 제품들이 디지로그를 실천에 옮기고 있다. 엡손(Epson)의 디지털 카메라 'R-D1'은 셔터소리와 수동기능을 탑재해 아날로그의 향수와 기능을 구현했다. 또한 MSN의 메신저에서는 '잉크' 대화 기능이나 '손 글씨체' 등과 같은 아날로그적 감성을 구현하는 서비스를 제공해 큰 인기를 누리고 있다. 삼성전자에서 2008년 초 출시한 '햅틱폰(haptic phone)'은 음악을 들을 때는 볼륨다이얼을 돌리듯 사운드를 조절할 수 있고, 휴대폰에 저장된 사진을 검색할 때도 실제 사진첩을 넘기는 듯 사용할 수 있다. 이처럼 디지털 시대에는 차가운 기계 앞에서도 따뜻한 인간미를 느끼고 싶은 욕구가 다양한 제품이나 서비스로 표출되고 있으며, 지금도 계속해서 디지로그의 확장을 위한 기분 좋은 상상이 계속되고 있다.

간(間)의 문화, 감성 소통의 윤활유

맥주는 개화기 때 서양에서 들어온 술이다. 그런데 한국에 들어오면서 병의 크기가 배로 커졌다. 혼자서 자작을 하는 서양 사람에 비해 반드시 서로 술을 따라주며 대작하는 한국인의 술 문화는 달랐기 때문이다. 혼자 마시든 여럿이서 건배를 하든 서양 사람들의 술잔은 항상 자기 앞에 놓여 있다. 하지만 한국인의 술잔은 너와 나 사이에 있다. 영어로 '흥'을 'interest'라고 하는데 그것 역시 '사이(inter)에 존재한다(est)'는 뜻이니 잔은 사이에 있어야 신명이 난다. 아버지와 아들 사이, 남편과 아내 사이 그리고 친구 사이, 연인 사이 등 한국인은 '사이'에서 살다가 '사이'에서 죽는다고 해도 과언이 아니다. 그래서 생존의 삼대 축인 인간(人間), 시간(時間), 공간(空間)에는 모두 '사이 간(間)' 자가 들어 있다(이어령, 2006).

동·서양의 사고방식의 차이를 논증하는 책인 <생각의 지도>를 쓴 리처드 니스벳(Richard E. Nisbett)의 실험 결과에도 나타나듯, 사물을 볼 때 서구 학생들은 개체를 보는 데 비해 아시아의 학생들은 개체와 개체 간의 관계를 본다. 그래서 아시아의 경제발전을 인간 사이의 끈적끈적한 정분으로 풀이한 학자가 있는가 하면, 반대로 아시아의 부패와 경제성장의 장애요소로 중국의 콴시(關係)처럼 연고주의와 정실주의가 거론되기도 한다. 아시아 중에서도 특히 한국에서는 사람들 사이의 관계와 정(情)을 더욱 중시한다. 그런데 단일민족으로 맺어진 끈끈한 한국의 '정'문화는 감성시대에 다시 한 번 만개하고 있다. 이는 IT강국인 한국에서 탄생한 '싸이월드'라는 온라인 커뮤니티를 통해서도 드러난다. 사람 사이의 관계를 중시하는 문화적인 배경 탓에 오프라인과 온라인의 관계를 이어주고 새로운 관계를 만들어주는 등 철저한 관계 유지와 생성에 초점을 둔 싸이월드는 순식간에 아시아를 넘어 세계로 뻗어나갔다. 인터넷의 익명 관계를 오프라인의 '아는 사람(연고 관계)'으로 바꿔가는 추세가 서양보다 한국에서 훨씬 유리한 풍향을 맞게 된 것이다. 한국보다 앞서 같은 아이디어로 1997년 출범한 '식스 디그리 닷컴(SixDegree.com)'이 문을 닫게 되었던 2001년 무렵에 한국의 싸이월드는 월간 1억 페이지뷰(page view)의 경이적인 기록을 세웠다. 서비스를 시작한 지 겨우 1년 조금 지난 최단기간에 이룩한 믿기지 않은 폭발력이었다. 같은 비즈니스 모델인데도 한국의 '사이 문화' 때문에 배로 커진 맥주병 같은 현상이 인터넷에서도 벌어진 것이다. '싸이'라는 명칭도 '사이(間)'란 발음과 유사하여 그 긴밀한 연관성을 뒷받침해주며, 무엇보다 '사이좋은 세상'이라는 슬로건에서처럼 '사이'에 큰 비중을 두고 있음을 알 수 있다.

　이렇듯 '사이' 문화가 낳은 '싸이'는 차가운 인터넷, 핏발 선 인터넷을 따뜻하고 정감이 스며 있는 아름다운 인터넷으로 바꾸어 놓았다. 인터넷은 이제 정다운 친구를 맞이할 수 있는 미니 룸이 된 것이다. 이용자들은 자신의 미니 홈페이지에 양탄자를 깔고 벽지를 바르고 신데렐라 마차같이 팬시(fancy)한 실내장식 아이템들을 장만하기 위해 사이버 머니인 '도토리'를 아끼지 않는다. 한 개 100원 하는 도토리의 하루 평균 매출이 3억 원에 이른다는 통계가 발표되기도 하였다. '싸이질'이라는 신드롬을 낳을 정도로 빠르게 확산된 싸이월드가 시작된 지 약 5년이 지난 2007년 2월 가입자 수 2,000만 명을 돌파하며, 회원들은 대부분 4단계의 인맥을 거치면 아는 사람으로 연결되는 것으로 나타났다. 장소와 세대 구분 없는 온라인 4촌 시대가 새롭게 열린 셈이다. SK커뮤니케이션즈에서 실시한 조사에 따르면, 서로를 전혀 모르는 두 사람이 싸이월드 내에서 몇 단계의 인맥을 건너서 연결되느냐를 확률적으로 계산한 결과 4단계 내에 있을 확률이 가장 높은 45.8%를 차지해 대한민국 내의 인맥구조가 매우 견고하고 가깝게 이어지고 있음이 확인되었다. 5단계 내에 있을 확률은 이보다 낮은 34.9%를 차지했으며, 3단계 내에 있을 확률은 4.9%였다(머니투데이, 2007. 2. 6.). 지금은 이웃사촌이라는 말이 무색할 만큼 세월이 변했지만 장소와 세대의 구분 없이 맺어질 수 있는 새로운 온라인 4촌 시대가 열린 것이다.

[그림 2-11] 미국시장에 진출한 한국형 SNS서비스 '싸이월드'

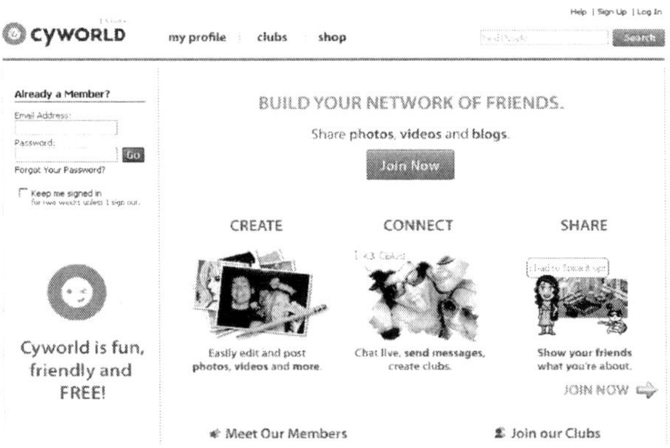

이처럼 미니홈피와 메신저를 통해 우리나라의 인맥 네트워크는 한층 두터워진 것이 사실이다. 대한민국의 인적 네트워크가 평균 4단계라는 것은 미국의 '6단계(Six degree) 이론'과 비교해보면 더 의미가 있다. 6단계 이론은 전 세계 시민이 여섯 단계의 지인만 거치면 서로 연

 감성 펀치: 감성 전략 및 전술 지침

결된다는 가설로, 영화 <할로우 맨>의 배우 '케빈 베이컨(Kevin Bacon)'과 유명 영화배우들의 연결고리를 찾는 게임에서 시작됐다. 대부분의 배우들이 6단계 내에서 케빈 베이컨과 연결돼 이 가설을 뒷받침했다. 미국의 6단계에 비해 한국의 4단계 인맥은 1인 미디어가 발달한 대한민국의 인적 네트워크가 보다 촘촘함을 보여주는 대표적 사례라고 하겠다.

4. 정치도 감성으로!

◎ 바보야, 문제는 감성이야

심리학자 앨버트 메러비언(Albert Mehrabian)의 연구에 따르면, 커뮤니케이션 중 말의 전달력은 7%에 그치는 것으로 밝혀졌다. 비주얼(표정 및 제스처)이 55%의 전달력을 지니며 목소리가 38%의 전달력을 가지는 것으로 분석되었다. 말의 내용보다는 제스처나 목소리 등 감성적 측면이 더 큰 설득력을 갖는다는 것이다.

제스처나 목소리가 지니는 설득력은 흔히 정치에도 이용된다. 정치조직과 정치인은 유권자의 감성적 측면에 소구하기 시작하였다. 이제 한국에서도 감성정치가 일반화되고 있는 것이다. 1997년과 2002년 두

차례의 대선에서 후보 간 승패에 결정적 영향을 미친 요소 중 하나는 바로 감성정치였다. '감성'은 1997년의 김대중 후보와 2002년의 노무현 후보의 선거홍보 전략에 있어서 핵심 키워드였다. 'DJ와 함께 춤을'과 '노무현의 눈물'이란 광고는 기존 정치광고의 틀을 뛰어넘어 큰 반향을 불러일으켰다.

김대중 후보의 선거캠프는 1997년 선거에서 유권자의 감성을 자극하였다. 'DJ와 함께 춤을' 등 감성적 정치광고를 통해 과격하고 진부한 김대중 후보의 이미지를 부드럽고 젊고 준비된 대통령 후보의 이미지로 바꾸어낼 수 있었다. 2002년 대선 당시 노무현 후보는 '노무현의 눈물'로 공전의 히트를 쳤다. 그해 6월 월드컵 응원으로 인해 형성된 '광장문화'와 '효순이 미선이 사건'으로 촉발된 촛불시위의 '민족주의적 감성'이라는 사회적 분위기를 감성적 대선광고로 이어갔다. 존 레논의 '이매진(Imagine)'이 흐르는 흑백화면에 눈물을 흘리는 노 후보의 클로즈업된 얼굴. 그리고 "노무현의 눈물 한 방울이 대한민국을 바꿉니다. 두 번 생각하면 노무현이 보입니다. 대한민국 새 대통령 노무현"이라는 조용한 카피로 유권자의 감성을 한껏 자극했다. 이 광고는 유권자들에게 감동을 주었으며 후보자와 유권자 사이의 정서적 일체감을 이끌어냈다는 평가를 받았다. 이처럼 인간의 감성을 활용한 이미지 극대화 전략은 이성적 판단에 기반을 둔 논리적 설득보다 효과적일 수 있다.

이후 2004년 4·15총선부터는 본격적인 감성정치 시대가 열렸다. 국민들은 TV를 통해 대통령 탄핵 가결 순간에 국회의장석 주변에서 끌려 나가며 울부짖는 여당 의원들의 모습을 생생하게 지켜보았다. TV를 통해 전해진 감성은 광화문에 넘실대는 촛불시위의 감성으로 이어졌고 열린우리당 지지도의 급상승과 총선승리라는 결과를 낳았다. TV 를 통해 전해진 감성이 총선의 선거 판도를 흔드는 결정적 힘으로 작 용했던 것이다.

[그림 2-12] 한국 감성정치의 대표적 사례

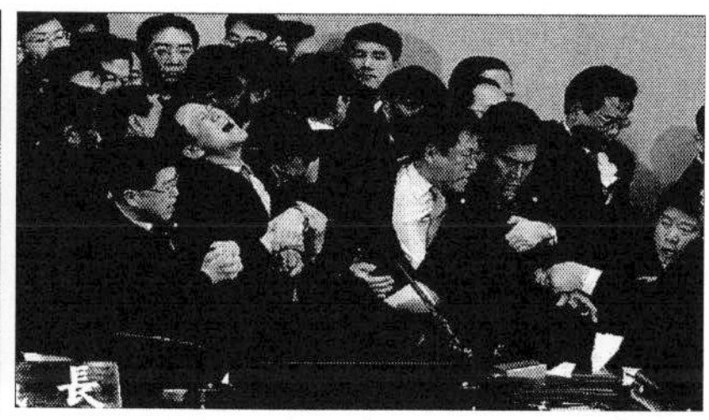

　　이성보다 감성에 집중한 선거운동 방식은 그 뒤로도 계속 이어져 2006년 서울시장 선거에서는 여야후보들이 '감성과 이미지에만 치중한 다'는 비판을 받을 정도였다. 2007년 대선에서도 유권자의 감성을 자 극하고 감동시키는 것이 각 선거 캠프의 최대 목표 중 하나였다. 각 후보자들의 정치광고는 대부분 유권자의 감정에 소구하기 위한 의도를 지닌 채 보다 다양하고 교묘한 방식으로 전개되었다.

색채를 통한 소통, 색채의 정치적 의미

　　감성정치를 위해서는 색상(color)도 긴요하게 활용된다. 정당과 같 은 정치조직은 색상으로 자신들을 표현하기도 한다. 예를 들어 열린 우리당은 노란색을 자신들의 대표색으로 내세웠고 한나라당은 파란색으로 자신들을 표현하고 있다. 정치조직과 정치인들은 왜 색상을 이용해 자신들을 표현하는 것일까? 그 이유는 색상이 가장 광범위하고 분명하게 자신들을 대중에게 알리는 최선의 감성적 소통수단 중 하나이기 때문이다.

인류 문명의 초기 단계에서 인간은 햇빛을 모든 생명의 근원이라고 생각했다. 또한 빛이 현시된 것이 색채이므로 색채에 신성한 의미를 부여했다. 고대인들은 창조라는 난해한 작용을 해명하고 개성과 인격적인 의미를 부여하기 위해 상징적 의미에 관심을 두었고, 상징을 위해 색채를 빈번하게 이용하였다. 고대의 색채표현 양식은 거의 모두 신비주의 및 삶과 죽음이라는 불가사의와 깊은 관련을 맺고 있다. 고대문명의 발상지라고 할 수 있는 지역들에서는 일찍부터 색채의 의미성이 발달했다. 그러나 색채의 의미성은 문명 발상지의 인종에 따라 다소간의 차이를 보인다.

다윈은 인종의 피부색이 그 인종의 미적 개념에 아주 중요한 역할을 한다고 주장했다. 예를 들면 이집트인들은 자신들을 붉은색 인종으로 간주하였다. 따라서 고대 이집트인들은 붉은색을 종족과 자신들을 표현하는 대표색으로 삼았다. 유럽에서는 흰색을 이상적인 종족상을 나타내는 색으로 여겼으며, 동양인은 순노랑색 또는 황금색을 그리고 흑인들 사이에서는 검정색을 이상적 인종색인 동시에 완전한 색으로 보았다.

색상은 혁명의 역사에서 처음으로 정치적 의미를 획득한다. 1792년 프랑스에서 자코뱅당원들은 붉은색 혁명 깃발로 자유를 선언했다. 그리고 1834년 프랑스 리옹에서 비단 직조공들이 봉기했을 때도 붉은 깃발이 사용되었다. 또한 이 붉은색상의 깃발은 러시아로 넘어가 사회주의와 공산주의의 상징이 되었다. 붉은색은 러시아 혁명 당시 '붉은 광장', '붉은 군대'의 상징으로 쓰이면서 사회주의와 공산주의 또는 좌익을 대변하는 이미지를 지니게 되었다. 이후에도 붉은색은 좌파운동, 사회혁명운동, 노동자 운동, 사회주의 및 공산주의 이념 등을 대표하는 색상으로 쓰이고 있다. 한편 붉은색은 전투의 이미지를 지니기도 한다. 바이킹 시대에 붉은색은 공통적으로 전투를 상징하기 위해 사용되었고, 덴마크해병은 붉은 기를 공격신호로 삼았으며, 이탈리아의 가리발디(Giuseppe Garibaldi)는 빨간 옷을 입고 왕정타도를 위한 전투에 앞장섰다. 반면 기독교에서 붉은색은 성스러운 예수의 피와 순교를 상징하기도 한다. 그리고 불교에서 사찰의 붉은 기둥은 석간주라 하여 성역을 상징한다(문은배, 2005).

한국에서는 1980년대에 '노란색'이 대중적인 정치적 상징으로 등장했다. 동양 특히 중국에서는 노란색을 황제의 색으로 일반인은 사용할 수 없으며 사방위의 제후들은 각기 방위색을 사용케 했다. 중국에서 왕권체제를 전복하고 새로운 평등국가를 건설하기 위해 난을 일으킨 황건족은 황제의 권위에 도전하는 의미로써 노란색 두건을 쓰기도 하였다. 그러나 1980년대 중반 필리핀의 민주화 시위 때 코라손 아키노가 노란색 점퍼를 입고 등장한 이후부터 노란색은 민주화의 상징하는 색상으로 받아들여지기 시작하였다. 1980년대 김대중과 김영삼 민추협 공동의장은 여기에 착안하여 노란색 조끼를 입고 거리 시위를 주도하면서 한국 정치에서도 처음으로 상징색 개념이 도입되었다. 이후 김대중 당시 평화민주당 총재는 1988년 13대 총선에서 '황색 돌풍'이라는 신조어를 만들며 여소야대의 제1야당으로 부상했다. 그리고 이 색상은 2002년 노무현 당시 민주당 대통령 후보로 이어졌다. 노

후보와 민주당 사람들 그리고 '노사모' 회원들은 노란색 스카프를 목에 두르고 거리를 누볐다. 2004년 대통령 탄핵을 규탄하던 현장에도, 열린우리당에 과반수 여당이란 승리를 안겨다준 17대 총선 현장에도 노랑 물결이 넘실댔다. 열린우리당과 민주당은 한때 노란색의 '소유권'을 놓고 갈등을 빚기도 했는데, 민주당이 초록색을 선택함으로써 해결됐다(연합뉴스, 2006. 1. 20.).

한편 파랑색이나 초록색은 동쪽, 봄, 젊음, 자유를 대표하는 색이며 '인간의 색', '젊음의 색'으로 유교적 사상에서는 천하게 여겨지는 색이었는데 근세에는 전쟁 때 정부군이나 진압군 또는 우익의 색으로 사용되기도 하였다. 우익을 대변한다고 자처하는 한나라당 역시 파랑색으로 자신들을 상징하고 있다(문은배, 2005).

이 밖에 다른 색들도 사람들의 감성을 자극한다. 즉 시각으로 흡수된 색상 정보는 과거의 사람들의 기억과 화학작용을 일으켜 일정한 감성을 생성한다. 흰색은 극에서 극을 표현한다. 흰색은 출산과 하늘의 계시를 받는 상서로운 기운을 느끼게 한다. 우리나라 태백산, 소백산, 백두산 등 명칭도 이 같은 차원에서 이해될 수 있다. 고대 중국에서 흰색은 지도자를 뜻하며 서양에서는 탄생 이전의 '무(無)의 상태'를 의미한다. 또한 프랑스 혁명 당시 흰색은 박애를 상징하는 색으로 쓰였으며, 미국에서는 'man is white'란 개념으로 철저히 백인우월주의를 나타내면서 인디언과 흑인을 멸시하는 색으로 이용되었다. 검정은 흰색과 함께 쓰여서 반대자와 찬성자 또는 악과 선, 어둠과 밝음의 상반된 의미를 상징한다. 유럽이나 아메리카에서 검정색은 종교적 해석에 따라 저주받은 민족 또는 사람, 단체를 의미했기에 흑인에 대한 처우를 짐작할 수 있다. 서양의 속담이나 동양의 고사성어에서도 검정은 모두 부정적 사물의 대명사로 쓰였다.

이제 자신들을 대변하는 색상을 가지고 있지 않은 정치인과 정치조직이 드물게 되었다. 글을 읽지 못하는 사람이라도 색이 제공하는 자극을 통해 이미지와 감성을 얻을 수 있다. 특정한 색상에 대한 감성은 색상이 인간의 감각기관을 자극하고 이렇게 인간의 신체 내부에 흡수된 정보가 개인의 과거의 기억과 융합되면서 생성된다. 따라서 동일한 문화권에서 살아왔던 사람들은 특정한 색에 대한 비슷한 감성을 공유할 수도 있다. 현재 자신의 심리상태를 색상으로 표현한다 하더라도 동일한 문화적 배경을 지닌 사람들을 그 상태를 짐작할 수 있다. 색은 사람들의 감각기관을 자극하여 감성을 창출하게 만드는 중요한 미디어인 것이다.

제 *3* 부

감성 비즈니스

소비자는 상품에 담겨 있는 스타일, 이야기, 경험, 감성을 구매한다.
과거 산업사회는 석탄, 석유 등이 국부의 원천이었고,
오늘날 정보사회에서는 지식과 정보가 핵심 자원으로 꼽힌다.
하지만 미래 드림 소사이어티에서는 부의 원천이 민담, 신화, 전설 등
이야기가 된다. 또한 오늘날은 지식을 저장하고 전달하는데
문자가 쓰였다면, 드림 소사이어티에서의 매체는 이미지이다.
▶ 코펜하겐미래학연구소장 롤프 옌센(Rolf Jensen)

1. 제품 구입으로 감성 만족을 얻다

◎ 첨단 기술이 제공하는 따스함의 매력

근대적 기술들은 인간의 이성을 기반으로 기획되었고, 합리주의를 바탕으로 한 효율성과 생산성을 목표로 설계되며 운영되었다. 따라서 근대적 기술의 도입은 이성 중심의 사회조직을 구성하도록 추동하였으며, 이성적 지식만이 보편성을 지니는 지식으로 여겨지는 사회를 만들었다. 하지만 디지털에 기반을 둔 첨단 IT기술은 이성뿐 아니라 감성도 중요한 가치를 지니는 것으로 취급되는 일상을 만들어가고 있다. 인터넷과 휴대폰 등을 이용한 개인들 간의 의사소통이 전례 없이 폭발적으로 증가하고 있는데, 이 같은 IT기술이 인류에게 제공하는 가장 중요한 기능은 정보의 전달과 공유가 아닌 감성의 소통과 공감이다. 감성의 소통과 공감이 중요한 가치로 부상하는 감성사회에서의 데크놀로지 패러다임은 다음과 같이 진화할 것으로 전망된다.

[표 3-1] 감성테크놀로지의 현재와 미래

비고	현재	미래
소비자 욕구	효율성	안락함과 안전함
테크놀로지의 목적	데이터 처리	인간 보조
콘텐츠	문자, 음성, 영상	감성, 감각
인터페이스	유형	무형
네트워크	단층적 평면 네트워크	복층적 프랙탈 네트워크

출처: 사토루 이토(2006), p.115.

감성사회의 첨단 기술들은 인간의 감성을 만족시키는 제품생산에도 적용된다. 전자제품산업에서는 감성과 예술적 요소를 강조한 이른바 '데카르트(Techart) 신드롬'이 열풍처럼 확산되고 있다. 데카르트는 기술(tech)과 예술(art)을 합성한 신조어로 첨단 가전제품에 소비자들의 오감을 만족시킬 수 있는 디자인과 기능성을 구현한 것을 말한다. 또한 2006년 8월 삼성전자는 '신가전' 브랜드 슬로건을 선포하고 이를 구체화한 '감성기술' 전략을 발표했다. '신가전'이란 제품에 적용되는 각종 기술을 소비자의 오감에 입각해 재해석함으로써 시각과 청각·미각·후각·촉각을 두루 만족시키는 신개념의 가전을 말하며 '감성기술'은 제품 안에 녹아든 감성적 가치를 통해 소비자에게 감성만족을 제공하는 기술을 의미한다. 아무리 좋은 성능과 기술을 선보인다고 해도 소비자들의 감성에 호소할 수 없다면 시장에서 선택받을 수 없다고 판단되고 있는 것이다.

  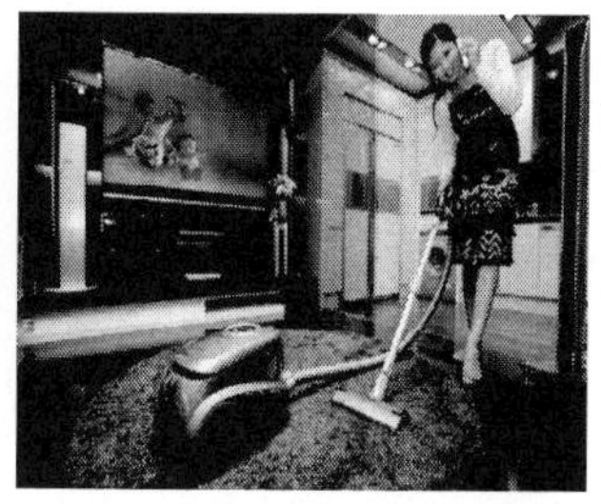

이 같은 감성 중심의 트렌드는 문화콘텐츠산업 영역에서도 쉽게 발견된다. 문화콘텐츠산업계에서는 감성트렌드에 대응하여 영화와 게임 등 분야를 중심으로 소비자의 감성만족을 지향하는 콘텐츠를 개발하고 있다. 실제로 인공지능(AI)을 통해 게임 속 캐릭터와 게이머 상호 간에 감성작용이 일어나도록 하는 '감성게임'이 등장하고 있다. 국내에서도 감성 온라인게임인 '프리우스 온라인'이 개발되기도 하였다. 프리우스 온라인의 경우 게임 내 등장하는 영혼의 파트너 '아니마'와 게이머가 선택한 캐릭터의 상호 교감을 통해 이야기를 풀어나가는 방식으로 아니마와의 교감은 전투력 강화 등 게임을 하는 과정에서 중요한 요소이다. 이 외에도 소니가 자사의 게임기 플레이스테이션2(PS2)를 통해 선보인 '이코'는 이용자가 게임의 과제를 해결하면 남자 주인공과 여자 주인공이 손을 잡는데 이때 게임기에 미묘한 진동 효과가 발생하도록 구성되었다.

인간의 감성을 만족시킬 수 있는 감성기술을 담아내는 제품의 선두 주자는 바로 휴대폰이다. '슬림(slim)' 트렌드를 제시하며 소비자의 감성 코드를 만족시켜 5천만 대 이상을 판매한 모토로라의 '레이저(RAZA)'는 새로운 컬러의 제품을 출시하며 꾸준한 인기를 지켜가고 있다. 각국마다 서로 다른 소비자의 기호를 맞추기 위해 색상의 기획 역시 별도로 진행되고 있다. LG전자 역시 감성기술을 담은 '초콜릿폰'의 인기 이후 디자인 혁신과 감성 콘텐츠 개발을 통해 첨단 개념인 '디지로그'를 신제품에 적용할 것임을 천명했다. 국내외 휴대폰 시장에서 강력한 영향력을 보이는 삼성의 경우에도 2008년 '만져라, 반응하리라'라는 슬로건을 내걸고 진동피드백 기술인 햅틱(Haptic)기술을 반영한 감성과 재미를 지향하는 햅틱폰을 출시하는 등 감성기술은 휴대폰의 중요한 기술트렌드가 되고 있다.

감성기술은 인간의 감성을 만족시켜 인간의 삶의 질을 제고하며 웰빙 라이프에 보다 가깝게 다가갈 수 있도록 한다. 오늘날 복잡하고 하이테크화된 사회시스템으로 인해 인간은 늘 바쁘게 살아가고 있으며, 다양하고 반복된 업무로 인해 스트레스에 내몰리고 있다. 따라서 사회구성원들은 감성적 욕구를 충분히 만족시키지 못한 채 살아가고 있다. 이러한 삶을 감성만족의 웰빙으로 전환하기 위해서는 '보이지 않는(invisible) 기술'이 필요한데, 바로 '따뜻한(warm)' 기술이 그 해답이 된다.

인간의 감성만족을 위한 따뜻한 기술은 이미 우리 생활의 다양한 분야에 파고들고 있다. 인구 구조가 역전되어 점차 고령화되어가는 세상에서 감성 테크놀로지의 등장은 신웰빙 라이프의 가능성을 열어주고 있다. 또한 인터넷은 세계 모든 곳의 사람들과 소통을 가능하게 하여 네트워크 사회를 만들어가고 있다. 디지털 융합의 가속화는 각 개인에 맞춤화된 감성적 퓨전서비스를 제공할 가능성을 높여준다. 즉 본질적인 웰빙 라이프를 실현해주는 것이다. 미래의 테크놀로지는 감성만족과 기능적 우수성을 모두 구현하는 것을 목표로 지속적인 혁신을 이룰 것으로 전망된다.

◎ 감성기술은 '능동적 몰입'과 '종합적 체험'의 지렛대

어려서부터 이 같은 감성기술의 환경에서 자라난 세대는 '오늘, 바로 이 시간, 이 장소'에서 생겨나는 감성, 즉 '현실 그 자체'의 감성을 중요하게 생각한다. 이들은 IT기술을 장난감처럼 가지고 놀며 자라온 세대이기 때문에 테크놀로지를 활용해 모든 것을 따뜻하게 만들어낼 수 있으며, 하이테크 감성기술도 차갑게 느끼지 않는다. 이들 새로운 세대들은 감성기술 및 감성미디어의 이용 과정에 '능동적으로 몰입(active experience)'하며, 정신적인 체험과 물리적인 체험을 아우르는 '종합적인 체험'을 선호한다.

많은 체험에 공통되는 것은 그 체험이 고도의 것일수록, 사람들이 거기에 열중해 '몰입'한다는 것이다. 바로 이러한 '몰입'이 감성적 커뮤니케이션 특유의 현상이다. 휴대전화를 이용하여 친구와의 커뮤니케이션에 푹 빠져 있는 것이 대표적인 예이다. 몰입에는 두 가지 종류가 있다. 첫 번째는 사람들의 역할이 정보의 입수자 또는 수용자로서 수동적인 입장을 취한다는 것이다. 이를 '수동적 몰입'이라고 한다. 스포츠 감상과 영화감상 등이 이에 해당한다. 또 다른 한 가지는, 사람들이 능동적인 관계를 통해 만끽하는 몰입이다. 이를 '능동적 몰입'이라고 한다. 당연한 일이지만, 예술적 창작 활동 등 통합적 체험을 수반하면서 느끼는 감각은 능동적 몰입이다. TV 게임은 본래 사람들이 게임에 주체적으로 관계되기 위해 능동적 몰입을 하게 하지만, 장시간 타성적으로 하다 보면 게임을 하고 있음을 깜빡 잊어버리는 수동적 몰입상태로 전이되는 경우가 많다. 새로운 세대들은 감성기술과 감성미디어를 이용한 능동적 몰입을 지향한다. 또한 이들은 감성기술 및 감성미디어는 종합적인 체험을 추구한다. 체험은 물리적인 체험과 정신적인 체험으로 구분될 수 있다. 물리적인 체험은 체험자의 신체를 통하는 체험으로서 듣기·보기·만지기·움직이기 등이며, 정신적인 체험은 책읽기 등과 같은 추상적인 체험이다. '몰입감'을 높이기 위해서는 단순한 물리적 체험이나 정신적인 체험보다는 두 가지의 체험을 적절히 융합한 종합적인 체험이 필요하다. 종합적인 체험을 제공하는 행위로는 음악연주·조소·스포츠 등 참여자 스스로가 오랜 기간 동안 교육을 받아 직관적으로 몰입 상태에 빠지는 것이 대부분이다. 라디오나 TV 등 기존 미디어는 종합적인 체험을 제공하지 못하였다. 그러나 감성기술 및 감성미디어는 물리적 체험과 정신적 체험을 모두 가능하게 한다. 감성기술과 감성미디어 이용자는 자신의 신체를 통해 물리적 체험을 하는 동시에 정신적인 교감 등의 추상적 체험을 얻을 수도 있다.

2. 즐거운 감성이 최고의 혁신동력

◎ 혁신에 열정과 자발성을 공급하는 즐거움

재미는 순전히 감성적인 것이다. 재미는 놀이와 유머 등을 통해 심리적으로 경험하는 것이지 이성적으로 사고되는 것이 아니다. 사회가 감성사회로 진입하면서 사람들의 삶에 대한 가치관의 중심도 점차 즐거움과 재미로 옮겨가고 있다. 따라서 재미와 즐거움은 기업과 개인의 생존전략으로 받아들여지고 있다. 요즘 주목받고 있는 '지식경영'이나 '지식혁신(knowledge innovation)' 역시 그 목표인 생산성 향상을 이루기 위해서는 즐거움과 재미가 기반이 되어야 한다. 강요된 지식창출과정은 쓸모 있는 지식을 만들어내지 못한다. 유용한 지식의 지속적인 창출을 위해서는 재미와 즐거움이 필요하다(오재의, 2005). 재미와 즐거움은 창조적인 사고와 지식의 창출은 물론 그리고 나아가서 혁신의 동력이 될 수 있다.

재미와 즐거움은 조직혁신에도 적용될 필요가 있다. 최근 대부분 기업의 주요 관심은 극한경쟁으로 내몰리는 상황에서 어떻게 살아남을 것인가 하는 데 있다. 따라서 기업들은 지속적으로 변화와 혁신을 추구해오고 있으며 환경변화에 효율적으로 대응할 수 있는 조직혁신 역시 중요한 과제로 대두되고 있다. 조직혁신은 창의적이고 경쟁력 있는 그리고 혁신적인 지식을 계속적으로 생산해낼 수 있는 조직을 만들어가는 끊임없는 변화과정이라고 볼 수도 있다. 변화하는 비즈니스 환경에서 조직혁신은 필수적인 요구인데, 그 토대 역시 조직과 경영의 주체인 구성원의 재미와 즐거움에 있다고 하겠다.

오늘날의 세계경제시스템을 변화시키는 가장 큰 요인은 디지털 정보경제라는 새로운 경제패러다임의 출현이라고 할 것이다. 디지털 정보경제는 기존의 경제법칙과 기업의 모습을 새로운 것으로 변모시키고 있다. 따라서 이 같은 환경에서 기업이 생존하고 발전하기 위해서는 새로운 경제시스템에 대한 이해가 전제되어야 한다. 이러한 맥락에서 케빈 켈리(Kevin Kelly)의 디지털 정보경제에 대한 설명에 주목할 필요가 있는데, 이를 정리하면 다음과 같다. 첫째, 디지털 정보경제는 국가나 국경을 초월하고 영토 개념이 파괴된 글로벌 경제이다. 자본주의 경제체제는 본질적으로 글로벌 경제를 지향하지만, 역사상 지금과 같이 많은 사람과 넓은 공간이 하나의 경제체제 내부에 속해 있었던 적은 없었다. 둘째, 디지털 정보경제에서 새로운 생활양식의 핵심은 유형의 물체나 자산보다는 무형의 것들에서 찾아진다. 과거

산업혁명을 기점으로 거대한 철강공장이나 석유화학공장이 발전의 상
징이었다면, 앞으로는 무형의 소프트웨어와 서비스 등 소프트한 것들
이 철강이나 석유화학제품을 대체하며 상징물이 되고 있다. 모든 것
이 유형의 물체인 '하드(hard)'한 것에서 생활이나 경제활동이 '소프트
(soft)'한 것을 중심으로 전환되고 있는 것이다. 셋째, 디지털 정보경
제에서는 모든 것이 서로 연결되고 상호작용한다. 이는 정보기술의
발달과 더불어 꽃을 피우고 있는 네트워크의 개념이 우리의 생활에
핵심이 되기 때문이다. 이에 따라 네트워크의 구성원이 되지 못하면
이 사회에서 존재하지 않는 셈이 되기도 한다.

◎ 조직 구성원의 감성 혁신 전략

    디지털 정보경제의 비즈니스 환경 변화는 기업조직의 혁신적 변화
를 요구한다. 고려대 염재호 교수는 디지털 정보경제 환경 속에서 기
업조직은 계층적 조직구조에서 네트워크형 조직구조로 변화해야 함을
강조하고 있다. 네트워크형 조직구조는 느슨한 연계체제와 연결고리조
직(linking-pin organization)의 존재에 기반을 둔 유연한 안정성(flex-
ible stability), 경쟁과 협력의 심화를 통한 시너지효과의 창출, 복잡하
고 다양하며 급변하는 환경에 대한 재구조화(restructuring) 차원의 적
응능력, 의사소통 지연과 조정의 비용 경감 등을 특징으로 한다. 그리
고 네트워크형 조직구조의 경쟁력은 무엇보다도 지식의 학습과 공유
및 창출이 활발하게 이루어질 수 있다는 데 있다. 디지털 정보경제에
서 경쟁력은 지식에 있으며, 네트워크형 조직구조는 혁신적인 지식의

창출과 확산과정을 뒷받침한다.

　그러나 조직이 네트워크형으로 혁신된다 하더라도 조직구성원의 즐거운 감성이 뒷받침되지 않는다면 경쟁력 있는 지식의 창출과 확산은 이루어지기 어렵다. 네트워크형 조직구조에 구성원들의 즐거운 감성이 더해진다면 형식지(形式知, explicit knowledge)뿐 아니라 경쟁우위의 핵심원천 중 하나인 암묵지(暗默知, tacit knowledge)의 확산과 공유도 가능하다.

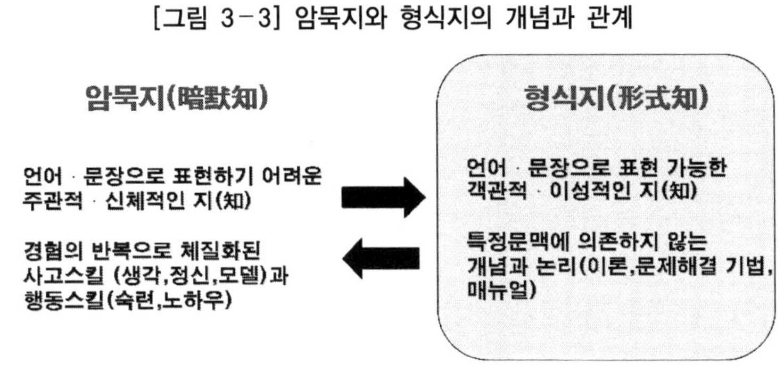

[그림 3-3] 암묵지와 형식지의 개념과 관계

　지식이론 연구자들은 지식에는 두 가지 종류가 있다고 주장하는데, 암묵지와 형식지가 그것이다. 암묵지는 학습과 체험을 통해 개인에게 습득돼 있지만 겉으로 드러나지 않는 상태의 지식을 말한다. 사람의 귀와 귀 사이(between ears), 즉 머릿속에 존재하는 지식으로 언어나 문자를 통해 나타나지 않는 지식이다. 암묵지는 대개 시행착오와 같은 경험을 통해 체득하는 경우가 많다. 반면, 형식지는 암묵지가 문서나 매뉴얼처럼 외부로 표출돼 여러 사람이 공유할 수 있는 지식을 말한다. 교과서·데이터베이스·신문·비디오와 같이 어떤 형태로든 형상화된 지식은 형식지라고 할 수 있다. 암묵지가 고도화되거나 형식지화되어 공유되는 변환과정을 거치게 되면 더 높은 가치를 창조하게 된다. 구성원의 즐거운 감성은 자발적으로 자신이 보유한 형식지를 다른 구성원에게 확산시키고 공유하려는 동기생성의 원동력이 된다. 다양한 개인적인 노하우들이 UCC 형태로 만들어져 인터넷을 통해 공유되는 경우가 그러하다. 네트워크형 조직구조에서는 이 같은 지식의 변환과 가치창조의 과정이 구성원들의 즐거움과 재미에 기반을 두어 자발적으로 발생되고 확산될 수 있어야 한다.

한편 조직구조와 더불어 조직구성원들도 변화되어야 한다. 조직구성원들은 창조적 지식근로자로 변화해야 한다. 후쿠야마(F. Fukuyama) 교수가 지적한 바와 같이 특정 지식에 정통한 전문가(specialist)는 21세기에는 형식지에 대한 다양한 정보접근 가능성이 증가하기 때문에 한계가 있다. 오히려 문제를 창의적이고 능동적으로 풀 수 있는 창조적 암묵지를 창출해내는 지식전문가(professional)가 되는 것이 매우 중요하다는 것이다. 새로운 조직의 등장과 네트워크 파워가 정보통신 혁명과 함께 활발하게 진행될 때, 그러한 조직에서 경쟁력을 갖기 위한 요소로는 프로페셔널한 능력을 소유하는 것이 바람직하다. 20세기가 스페셜리스트의 시대였다면 이를 넘어서는 프로페셔널의 시대를 대비하는 노력이 필요하다고 하겠다.

[표 3-2] 디지털 리더(스페셜리스트)가 갖추어야 할 A to Z

Art Management	리더십은 예술이다
Back to Basic	초심으로, 기본으로 돌아가자
Competition System	경쟁체제를 도입하라
Digital Mind	디자인마인드로 무장하라
Empowerment	권한을 위임하라
Family Satisfaction	가족도 고객이다
Generation Gap	세대 차이를 극복하라
Hybrid Culture	잡종문화와 경쟁력
Innovative Thinking	혁신적인 사고
Job Commitment	애직심(愛織心)과 애국심
Knowledge Management	지식경영의 활성화
Learning Organization	평생학습체제의 구축
Motivation	모든 업무에는 동기부여를
Network Society	네트워크 사회
Open Management	공개적 경영
Plan, Do, See	크로스 체크하라
Quitting Preparation	떠날 때를 대비하자
Responsibility	책임감이 생명이다
Speed Management	스피드 경영
Trust	신뢰를 심어주어야 한다
Universal Thinking	보편성을 추구하라
Value Creation	부가가치의 창출
Women in Partnership	여성은 당당한 파트너
X-leaders are out	X-leader는 되지 말자
Young Blood	젊은 피 수혈과 도전정신
Zeal	미쳐야 살아남는다

3. 소비자에게 아이디어를 구하라

◎ 소비자에게 문제해결의 열쇠가?

최근 기업들은 미래 생존을 위해 신성장엔진을 발굴하는 데 많은 노력을 경주하고 있다. 그런데 국내외를 막론하고 기업들은 앞날의 살길을 '기술'이 아니라 '소비자'에서 찾고 있다. 실제 신제품 아이디어 발굴 및 기술개발 과정에서 소비자와 외부 전문가의 적극적인 참여를 유도하는 방식으로 전환되고 있는데, 대표적인 사례로는 크라우드소싱(crowd sourcing)이 있다. 크라우드소싱은 '군중(crowd)'과 '아웃소싱(outsourcing)'을 결합한 말로 2006년 미국 와이어드(wired)매거진의 제프 호위(Jeff Howe)가 만든 신조어로, 인터넷을 통해 아이디어를 얻고 이를 기업 활동에 활용하는 방식을 의미한다. 이미 가전·자동차·보험·패스트푸드·완구 등 다양한 분야의 기업들이 제품개발 프로세스에 소비자의 아이디어나 의견을 반영하는 크라우드소싱을 시행하고 있다. 일반인이 제작한 UCC를 신규 제품개발 및 서비스의 원천으로 활용되기도 하며, 인터넷의 폭넓은 전문가 커뮤니티를 통해 최적의 솔루션을 발굴할 수도 있다. 크라우드소싱이 갖는 웹2.0적 관점에서 보면 협업형 온라인 백과사전인 위키피디아는 대중의 이른바 '집단지성'을 효과적으로 활용한 크라우드소싱의 대표적인 성공 사례로 볼 수 있다. 이 외에도 전문가들에 질문하고 해답을 얻는 온라인 포럼 '이노센티브(InnoCentive)', 비즈니스 아이디어를 제공하는 사람들에게 그에 상응하는 로열티를 지불하는 소프트웨어기업인 '캠브리안 하우스(Cambrian House)', 컴퓨터보다 사람이 잘 할 수 있는 작업을 사람에게 비용을 지불하고 시켜보자는 취지에서 업무와 희망하는 사람을 매칭해주는 웹 서비스인 아마존의 '미케니컬 터크(Mechanical Turk)'도 대표적인 크라우드소싱 서비스 사례라고 하겠다.

[그림 3-4] 이노센티브(InnoCentive)와 캠브리안 하우스(Cambrian House)

사실 지금까지 새로운 시장은 시장조사기관들이 미처 예측하지 못했던 전혀 새로운 분야에서 생겨났다. 시장을 제대로 이해하려면 소비자와 사회가 어떻게 바뀌고 있는지를 알아야 한다. 이렇게 능동적으로 미래를 준비하는 기업만이 미래의 생존경쟁에서 살아남을 것이다. 능동적으로 미래를 준비하는 기업은 남들이 제시한 미래를 공유하는 것이 아니라 자신이 직접 미래를 설계하고 거기에 다른 기업들을 동참시킨다. 여기에서 바로 선도자와 추종자의 길이 갈라지게 되는 것이다. 이것이 바로 혁신의 방법이요 미래 생존의 조건이다.

　　기업의 전통적이고 전형적인 비즈니스 모델은 제품이나 서비스를 생산하여 마케팅하는 것이다. 따라서 기업은 제품이나 서비스의 생산을 어떻게 기술적으로 가능하게 할 것이며, 생산된 제품의 판매를 어떻게 시장에서 촉진할 것인가 하는 문제를 해결하는 데 주력하였다. 공급이 수요를 창출하였던 것이다. 그리고 이러한 노력은 시장에서의 경쟁에 따라 더 싸고 질 좋은 제품을 내놓음으로써 경쟁자보다 좀 더 유리한 고지를 점령하려는 노력으로 이어졌다. 그런데 문제는 이 같은 현상이 기업이라는 주체가 시장이나 소비자를 향해 펼치는 일방적인 활동이라는 데 있다. 이런 이유로 일반적인 기업의 가치사슬도 원료와 부품의 조달과 생산활동을 거쳐 제품이 완성되고 소비자에게 마케팅하는 일방향의 과정으로 구성되어 있다.

　　하지만 이 같은 고객을 향한 일방향적인 가치창출 과정은 과거의 낡은 방식이 되어가고 있다. 미래의 경쟁은 기업과 소비자가 공동으로 가치를 창출하는 과정에서부터 비롯된다. 즉 미래의 가치는 기업과 소비자 상호간의 활발한 교류과정을 통해서 창출되는 것이다. 이 같은 변화는 소비자의 시장정보에 관한 획득과 공유환경이 변화하고 있기 때문이다. 과거에는 소비자가 정확한 정보에 접근하기가 어려웠고, 접근하더라도 특정 국가나 지역에 한정된 것으로 어떤 형식으로든 네트워킹되어 있지 않아 정보를 공유한다는 것도 불가능한 여건이었다. 이에 따라 제품이나 서비스에 대한 정보를 알릴 기회나 행동을 취하기가 어려웠다. 그러나 오늘날 경제 여건의 가장 큰 변화는 위의 모든 것들이 한순간에 공개되고 소비자 개인이 하나의 커뮤니티 단위로 행동할 수 있게 됨에 따라 기업의 가치 창출도 자연히 양방향 식으로 바뀌게 되었다. 이제 가치는 소비자 개개인을 중심으로 경험 위주의 바탕에서 시작되며 기업과 상호작용하는 가운데서 만들어지고 있는 것이다.

◎ 감성의 업그레이드, 하이컨셉

우리가 현재 살아가고 있는 시대는 감성시대이다. 물론 인간이 감성을 가진 존재이기에 인간세상이 감성으로 꾸려지는 건 일견 당연하다. 그러나 21세기의 오늘은 그 어느 때보다 인간의 감성의 가치가 부각되며, 감성에 대응하는 상품과 서비스가 가치창출의 중요한 요인으로 작동하고 있는 사회다. 오늘날 소비자는 상품이 아니라 상품에 담겨 있는 스타일과 이야기 및 경험, 즉 감성을 구매한다.

따라서 기술과 감성의 융합이 상품의 키워드가 되어야 한다. 21세기에 들어와서 기술이 여전히 중요한 가운데서도 감성이 구매의 결정적 요소로 부상하고 있다. 기업들은 디자인·촉감·UI(User Interface) 등을 이용하여 구매자의 감성에 영향을 미치는 '감성파워'를 구축하는 데 주력하고 있다(송해룡 외, 2006).

21세기는 바로 창의적 능력 및 타인과 공감하는 감성능력의 소유자들이 존재하는 하이컨셉(High-Concept)의 시대라고 할 수 있다. 하이컨셉은 원래 다니엘 핑크(Daniel H. Pink)의 저서 <새로운 미래가 온다(A Whole New Mind)>에서 제시된 개념이다. 다니엘 핑크는 18세기 이후 산업의 변화를 농경 시대, 산업화 시대, 정보화 시대 그리고 하이컨셉의 시대로 구분한다. 특히 그는 현재 지식근로자가 주도하는 정보화시대가 조만간 창의성과 감성 등 새로운 능력으로 무장한

‘창조근로자’가 주도하는 ‘하이컨셉 시대’로 진화할 것이라고 강조하였다.

다니엘 핑크에 따르면 하이컨셉은 트렌드와 기회를 감지하는 능력, 무관해 보이는 아이디어의 결합을 통해 남들이 전혀 생각하지 못했던 새로운 아이디어를 창조하는 역량, 예술적·감성적 아름다움을 창조하는 능력 등을 종합적으로 지칭하는 개념이다. 간단히 말하자면 ‘하이컨셉’이란 인간의 창의성과 독창성에 기반을 둔 새로운 아이디어의 창출과 실현 능력인 것이다. 기업 입장에서 하이컨셉은 기존의 품질과 가격 경쟁력 대신 새로운 감성적 가치를 창조하거나, 신기술과 신제품의 개발을 추구하는 대신 새로운 제품 컨셉을 창조하는 것으로 정의될 수 있다. 즉 사회와 소비자들의 시대적 변화 속에서 새롭게 등장하는 소비자의 감성적 니즈를 기회로 포착하고, 현재 존재하는 다양한 기술들을 모아 새롭고 매혹적인 컨셉의 제품으로 구현해내는 것이 바로 기업 입장에서의 하이컨셉 개념이라고 할 수 있는 것이다.

2007년 6월 애플(Apple)의 미국 내 아이폰(iPhone) 출시에 대한 소비자의 반응은 하이컨셉 제품에 대한 소비자들의 열광적 지지를 잘 보여준다. 소비자들은 이 제품을 구입하기 위해 밤새워 줄을 서서 구매 기회가 오기를 기다렸고, 이를 지겨운 과정이 아닌 하나의 자발적 행사나 이벤트로써 참여하였다. 소비자들은 감성적으로 애플이라는 기업과 그들의 제품에 끌리고 열광하는 것이다. ‘시엔엔 머니(CNN Money)’의 보도에 따르면 판매개시 후 3일 동안의 아이폰 판매량이 약 50만 대에 이를 것으로 추산되었다. 약 6배에 달하는 인구의 차이를 감안하더라도 우리나라 휴대폰 히트 모델의 하루 개통 수가 1,000대 정도임에 비추어볼 때, 이는 엄청난 수치라고 할 수 있다. 미국 통신시장과 글로벌 휴대폰 메이커들은 아이폰이 불러올 통신 및 휴대폰 시장의 지각변동을 주시하였다. 새로운 하이컨셉 제품 하나가 시장과 산업의 방향 변화를 야기한 것이다.

하이컨셉을 기반으로 펼쳐지는 시장은 감성의 시장이다. 호르크스(Horx)는 감성시장을 진화선상의 맨 위, 즉 새로운 생산의 더욱더 복잡한 영역에 놓인 시장이라고 설명한다. 이 시장은 매우 특이하며 가끔은 분명하지조차 않다. 이 시장에서 취급하는 것은 관심이나 애정과 같은 것들이기 때문이다. 그리고 심오한 동경과 불안 그리고 희망 등이 그 시장을 떠받치고 있다. 또한 관심과 애정이라는 상품의 핵심에는 존경이나 신용처럼 깨지기 쉬운 카테고리가 존재한다. 감성시장은 곧 욕망의 시장이라고 할 수 있다. 필요에 따른 시장은 포화 상태다. 하지만 욕망을 팔고 사는 시장은 끝없이 펼쳐진다. 따라서 감성의 시작은 끝도 없고 시작도 없으며 테두리도 없다. 욕망은 줄어드는 게 아니고 늘어나는 것이기 때문이다. 이제 사람들은 물건의 기능을 유심히 살펴보고 이것저것 기능을 따져 보고 사는 것이 아니라 그 상품에 내재된 감성을 보고 구입한다. 그리고 그것을 삶에 접목시킨다. 이것이 바로 감성 소비의 모습이다.

4. 색채와 음악은 감성비즈니스의 도구

이동전화의 색채마케팅 전략

우리나라 최초의 일반 시민용 이동전화 서비스는 1961년 8월, 80여 명의 가입자를 대상으로 제공되었다. 이때의 이동전화 이용방식은 일반 유선전화로 시외교환을 호출하여 차량전화번호를 알리고 교환원이 선택 호출장치 버튼을 누르면 전파신호가 전달되어 차량 전화로 연결되는 방식이었다. 따라서 통화품질도 나쁘고 이동전화 수요에도 충분히 대처할 수 없었다. 1970년대에 와서 이동전화는 반전자식 방식을 도입하여 진화하였고, 1984년 3월에 이르러 한국이동통신서비스주식회사가 설립되어 AMPS(Advanced Mobile Phone System) 셀룰러시스템을 도입하고 차량전화 서비스를 제공하면서 실질적인 대중화가 시작되었다. 이후 1988년 88올림픽의 영향으로 이동전화의 보급과 가입자가 급증하였고 차량전화에서 이동전화의 개념으로 진화하였다. 당시만 해도 핸드폰의 무게는 4kg으로 손에 들고 다니기 힘들었다. 이때가지 이동전화에 디자인과 컬러는 고려사항이 아니었다. 1992년 모토로라의 '마이크로텍2'가 출시되면서 무게가 219g으로 크게 줄고 플립형으로 진화하면서 손으로 들고 다닐 수 있게 되었지만 이때도 역시 디자인과 컬러는 뒷전이었다. 그러다가 1996년 PCS(Personal Communication Service)가 상용화되면서 이동전화가 본격적인 대중화에 접어들고, 핸드폰의 기능도 점차 진화하면서 디자인과 컬러에도 변화가 생졌다. 2000년 이후 우리에게 휴대폰은 필수품이다. 초창기 휴대폰이 특정 계층의 특수한 목적을 위해 사용되었다면 현재에는 일상생활의 필수품으로 사용되고 있다. 그리고 이동전화의 기능만큼이나 그것의 디자인과 컬러가 소비자의 구매욕구를 좌우하고 있다.

이동전화의 대중화가 채 이뤄지지 않았던 1990년대 중반까지만 해도 이동전화 디자인은 담뱃갑 같은 사각형이 대부분이었고, 컬러는 메탈릭(metalic)컬러나 회색 및 검정색이 주를 이루었다. 하지만 2002년 이동통신 가입자 3000만 명을 넘어서며 휴대폰 시장은 정점에 이르자 디자인과 컬러에도 커다란 변화가 나타나게 된다. 디자인 측면에서는 기존의 플립형 외에 폴더형 그리고 슬라이드형까지 다양해졌고, 컬러 역시 흰색과 은색 등 심플한 컬러 외에 파스텔톤과 카멜레온 컬러가 등장했다. 2000년대에 와서 휴대폰은 단순한 통화기능 외에 하나의 자기표현 도구이자 액세서리와 같은 역할을 담당하고 있다. 따라서 다양한 계층별 마케팅이 활성화되었고, 맞춤형 휴대폰이 연이어 출시되었다. 초창기 휴대폰이 사업가와 일부 특수 직업에 종사하는 사람(특히 남성)에 국한되었다면, 현재에는 어린이·청소년·대학생·직장여성·주부·중년층·노년층 등 다양한 계층을 대상으로 이루어지고 있다. 예컨대 어린이 전용폰은 기능과 작동방식이 단순하고 편리하며, 캐릭터를 이용한 디자인을 내세운다. 여성을 주요 타깃으로 설정한 이동전화에는 부드러운 곡선이나 깔끔한 디자인에 핫핑크나 라임과 같은 원색 계열의 튀는 색채가 활용된다. 노인용 폰은 조작을 초간편화하고 디자인과 컬러를 흰색이나 검정 등으로 심플하게 적용한다. 이 밖에도 특정 계층을 겨냥한 방수휴대폰이나 스포츠가폰 등 기능성 폰도 그에 상응하는 디자인과 컬러를 적용하고 있다.

 감성 펀치: 감성 전략 및 전술 지침

이처럼 휴대폰 컬러 마케팅은 각각의 계층에 맞는 컬러와 디자인을 정면에 내세우면서 그 효과를 톡톡히 보고 있다.

[그림 3-5] 다양함으로 소구하는 휴대폰들

◎ 감성 색채의 연상효과

색채가 인간의 심리와 인지에 미치는 영향은 실로 다양하고 크다고 할 수 있다. 노란색은 따뜻한 느낌을 주는 동시에 병약함과 나약함 등 느낌도 수반한다. 따라서 휴양지나 요양원 등에는 적합하지만 경찰서나 관공서 등에는 어울리지 않는다. 또한 빨간색은 행동을 부추기는 색채이며, 주황색은 활력이나 용기 등을 가져다주지만 과도하게 사용할 경우 긴장을 불러일으키거나 쉽게 실증이 날 수 있다. 반면 파란색과 같은 한색(寒色)은 차분하며 사람들의 감정을 가라앉힌다. 삼성과 MS 등 대기업 사이트의 메인 색채가 파란색인 이유도 파란색이 기업에 대한 신뢰와 매우 안정된 기업이라는 이미지를 형성하는 데 기여하기 때문이다. 녹색은 선함과 낙관주의를 상징하고 긍정적인 전망에 대한 암시를 준다. 녹색은 주로 친환경적인 측면을 강조하거나 편안함을 강조할 때 사용된다.

2006년은 '분홍'이 온통 물들인 한 해라고 해도 과언이 아니다. 분홍은 의류시장뿐만 아니라 휴대폰과 화장품 등 다양한 상품에서 큰 인기를 누리며 적용되었다. 이는 젊은 여성층의 욕구가 적극 반영된 것으로 볼 수 있으며, 그만큼 젊은 여성층의 구매력이 향상되었음을 의미하는 것이기도 하다. 신세대 여성층은 자기표현에 매우 적극적인데, 핑크와 같이 톡톡 튀는 원색은 이와 같은 젊은 여성층의 구미에 잘 맞아떨어지는 색채이다. 2006년은 여성상품의 전반적인 색채를 핑크가 주도하며 각 기업의 컬러 마케팅의 판도를 바꾸어 놓았다. 휴대폰의 경우에는 기존의 단순한 핑크를 넘어 '핫 핑크'나 '크레이지 핑크' 등 더욱 원색에 가까운 핑크가 적용되고 있다. 무엇보다 흥미로운 점은 전년도에 출시되었던 제품에 2006년의 핑크 트렌드에 맞춰 색채만 다르게 입혔을 뿐인데도 그 수요는 폭발적으로 늘었다는 점이다. 예컨대 모토로라 '핑크 레이저폰'이 처음 출시되었을 때는 제품이 모자라 며칠을 기다렸다 구매해야 하는 상황이 벌어지기도 하였다. 핑크에 대한 욕구가 기대보다 훨씬 높은 것을 인식한 각 기업은 경쟁적으로 핑크 휴대폰을 만들어 내놓았고 젊은 여성의 마음을 사로잡는 데 성공했다. 이처럼 휴대폰 제조 기업들이 특정 모델에 대해 다양한 컬러 마케팅을 펼치는 가장 큰 이유는 추가적인 개발비용 없이 인기가 검증된 제품을 새로운 느낌으로 제공할 수 있기 때문이다.

또한 색채는 인터넷 사이트의 초기화면 사이트의 이미지를 형성하는 데 중요한 역할을 한다. 현재 대형포털 사이트들은 고유의 색채를 가지고 그에 따른 이미지를 형성하고 있다. 특히 최근 몇 년 사이에 인터넷 사이트는 블루의 전성시대를 맞고 있다. 초창기 각기 다양한 색으로 메인화면을 꾸미던 사이트가 하나 둘씩 파란 빛으로 물들여지고 있다. 2007년 현재 주요 인터넷 포털과 커뮤니티 사이트를 살펴보면 '다음', '네이트', '야후', '알타비스타 코리아', '세이클럽', '다모임' 등 사이트가 모두 파란색, 즉 블루 계통이다. 한편, KTH의 포털 사이트 '파란'의 경우 아예 사이트 명을 파란으로 하며 컬러 마케팅에 승부수를 띄웠다. 네이버나 라이코스 등 몇몇 사이트만 기존의 색을 유지하고 있을 뿐이다.

이처럼 수많은 인터넷 사이트들이 경쟁적으로 블루계열의 색으로 메인화면을 꾸미는 이유 역시 파란색이 주는 신뢰와 안정의 느낌 때문이다. 실제로 커뮤니티 사이트 '다모임'의 경우 자체 조사를 통해 복잡한 메뉴, 지나친 상업성, 낡아 보이는 색채 등 이미지가 부정적 평가를 이끌어내는 것을 밝혀내고 주황색에서 스카이 블루로 바꾸기도 하였다.

초창기 국내에 이메일을 보급하면서 명실상부한 최대의 포털사이트로 자리잡았던 '다음'도 색채의 변화를 추구하였다. '다음'의 로고는 노란색 D, 오렌지색 a, 연두색 u, 하늘색 m의 네 글자가 서로 맞물려 모두 8가지 색깔로 이루어져 있다. 이는 네티즌의 다양한 목소리(多音)가 서로 겹쳐져서 네트워킹을 이루고 있는 모습을 상징하고 있는 것인데, 지리상으로는 서로 떨어져 있어도 네트워크상에서는 하나로 연결되어 다양한 색깔의 개성을 나타내고 이를 통해 또 다른 모습들을 만들어내는 모습을 그린 것으로 인터넷에 대한 '다음'의 미래상을 반영하고 있다. 이와 같은 의미는 지금도 변함이 없지만 남아내는 색채는 달라졌다. 초창기에는 노란색으로 '다음'의 이미지를 만들었지만 2004년부터는 파란색으로 대변신을 꾀하여 전체적인 이미지를 새롭게 구성하였다.

녹색을 활용한 성공스토리는 '네이버'가 가장 잘 보여준다. 네이버는 '배를 항해하다'의 '네비게이트(Navigate)'에서 'Nav'를 따오고, 사람 격으로 표현되는 'er'이 붙어서 '네이버(Naver)', 즉 정보의 바다를 항해하는 사람이라는 의미로 시작했다. 네이버가 1998년 정식으로 서비스를 시작할 무렵 이미 '다음'은 이메일을 보급하면서 국내 인터넷 사용자를 확보하고 지배적 시장사업자로 자리매김하고 있었다. 1999년 '다음'에서 국내 최대 온라인 커뮤니티 '다음 카페'를 제공하면서 이 격차는 더욱 확고히 벌어질 것으로 많은 사람들은 전망했다. 하지만 네이버는 '주니어 네이버'로 통해 특정 연령을 타깃으로 하며 틈새시장을 노렸고, 2000년에는 '한게임'을 인수합병하면서 공격적인 마케팅을 병행하였다. 또한 이미 '다음'에서는 2000년에 시작한 검색서비스를 2002년 '지식검색'이라는 서비스로 차별화해서 공략했다. '지식검색'의 인기는 치솟았으며 사회문화적으로 큰 반향을 일으켰고 2003년 히트상품으로 선정되며 네이버를 대형 포털반열에 올려놓는 일등공신의 역할을 했다. 급기야 2004년 '다음'과 '야후' 그리고 '네이트'를 모두 누르고 업계 1위가 되었다. 이메일을 차별화된 무기로 들고 나온 '다음'이 처음 등장할 때 국내 최초의 포털 '야후'가 무릎을 꿇었듯이, 지식검색이라는 차별화된 무기는 네이버를 업계 1위 자리에 올려놓았다. 흔히 말하는 '선점효과(first mover's advantage)'가 인터넷 업계에서는 통용되지 않는 부분이다. 선점효과를 누리기 위해서는 후발주자보다 더 빠르고 더 많은 서비스를 개발하고 제공해야 한다.

 ▪ 감성 펀치: 감성 전략 및 전술 지침

　　그렇다면 명실상부한 국내 최대 포털로 자리잡은 네이버는 어떻게 변화를 꾀하게 되었을까. 단순히 지식검색이라는 서비스가 전부였을까? 그 정답은 '그린 윈도우' 신화에 있다. 네이버는 2000년 한게임, 원큐, 서치솔루션 등 3개 회사를 공격적으로 인수합병하면서 업계 1위로 도약할 준비를 마친다. 이어 2001년 사명을 NHN(Next Human Network)으로 바꾸고 CI를 비롯하여 모든 인터페이스 및 환경에 그린 색채를 적용한다. 국내 포털 사이트 중에 그린을 대표색으로 내세운 업체가 없기도 하였지만 녹색 창을 통해 우리가 검색이라고 부르는 방식으로 이뤄지는 모든 커뮤니케이션을 푸르고 따뜻하며 아름답게 하고자 하였다. 즉 '그린 윈도우'는 담과 벽을 허무는 소통, 살아 있는 정보, 나를 성장시키는 원동력, 신선한 즐거움 등 사람과 사람을 이어주는 새로운 커뮤니케이션 방식으로 차별화된 것이다. 이러한 네이버의 전략은 감성을 지향하는 시대의 트렌드와 맞물려 큰 성공을 거두게 된다. 이제는 광고에 초록 네모 박스만 나와도 네이버의 광고 혹은 네이버의 검색창에 검색하면 이벤트나 정보를 얻을 수 있는 제휴광고로 인식하게 되었다.

　　이 밖에도 색채를 이용하여 시장에서 성공을 거둔 사례는 많다. 내비게이션 제조업체 퓨전소프트는 20~30대를 중심으로 한 여성사용자들을 위해 진주빛 느낌을 주는 '화이트펄 컬러'로 여성 고객의 감성을 사로잡았다. 또한 일본의 컴퓨터 주변기기 생산업체 '에레콤(ELECOM)'이 선보인 '이어 드롭스(ear drops)' 시리즈는 검은색과 흰색 중심의 색상을 과감하게 탈피하며 다양한 색채의 이어폰들을 출시하였다. 이처럼 색채를 활용하여 소비자들의 감성을 자극하는 비즈니스는 기업의 생존과 관련된 핵심 전략으로 활용되고 있다. 감성사회에서의 색재 활용 비즈니스 전략은 그 활용 영역과 범위가 더욱 확장될 전망이다.

[그림 3-6] 큐빅과 초콜릿 모양의 이어폰

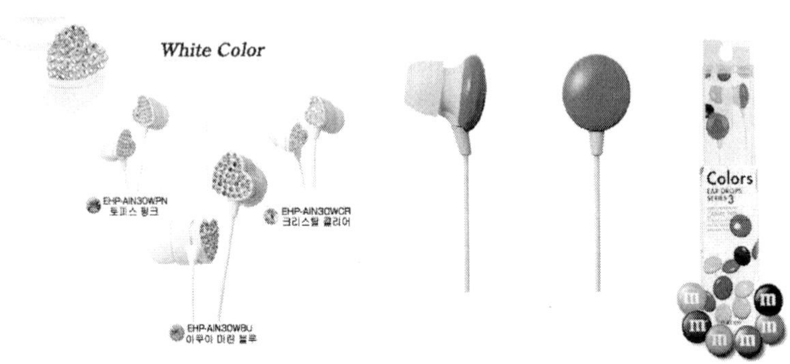

◎ 감성을 자극하는 루스(loose) 뮤직

음악은 인간의 감성을 자극하는 훌륭한 인류의 발명품이다. 이를 간파한 기업들 음악을 통해 고객의 마음을 읽고 흔쾌히 지갑을 열게 만드는 '뮤직마케팅 전략'을 사용하고 있다(이코노미 21, 2007. 3. 30.). 프라이빗 은행처럼 VIP 고객을 상대하는 금융업의 경우, 돈을 인출하거나 입금할 때 고객의 심적 스트레스를 최소화하기 위해 병원에서 이용하는 '테라피 음악'을 들려준다. 주로 뉴에이지나 연주곡이나 세미클래식 등 고객의 심적 부담을 덜어주는 음악 위주다. 은행에서 재무치료와 심리치료를 동시에 받는 셈이다. 재정과 심리 양쪽의 '테라피' 목적이 강하므로 되도록 무거운 계열의 음악이나 기복이 심한 클래식은 피한다. 그런가 하면 제과점에 들렀을 때 갑자기 허기가 느껴진다면 정말 배가 고파서일 수도 있지만 제과점 안에 흐르는 음악이 범인일 확률도 높다. 제과점에서는 매장 전체에 갓 구운 빵 냄새가 진동하는 느낌을 주기 위해 달콤하고 발랄한 재즈곡을 틀고 있기 때문이다.

매장 안에 흐르는 음악은 같은 공간에 있는 고객들과 상호 공감대 형성을 증진하기도 한다. 맥도널드가 10대들의 인기를 독차지하는 이유도 따지고 보면 가방 속 MP3를 그대로 옮겨놓은 듯한 친근한 음악을 또래 친구들과 어울려 들을 수 있기 때문이다. 그래서 맥도널드에는 음악을 들으며 수다를 떨고 숙제를 하는 10대들이 많다. 맥도널드가 10대들의 아지트라면, 스타벅스는 바쁜 직장인과 20~30대 여성들의 커뮤니티 공간이다. 스타벅스의 음악은 스타벅스라는 공간을 '공유'하는 이들을 함께 묶는 기능을 한다. '내 일을 하면서도 누군가와 함께 있다.'라는 강한 소속감을 음악으로 공유할 수 있기 때문이다. '따로 또 같이'의 개념이다. 스타벅스의 음악은 전 세계 어디에서나 똑같이 나온다. 1989년 스타벅스가 인수한 '히어 뮤직'이라는 음반 제작 회사에서 한 달에 한 장씩 전 세계 39개국 1만 3천여 군데의 매장에 일제히 공급하기 때문이다. 이는 스타벅스만의 음악을 들으며 '감성'을 '체험'하는 마케팅 전략을 통해 브랜드의 통일성을 추구하기 위함이다. 주로 재즈·팝·클래식 위주로 신인 및 기성 음악가의 작품을 선별하여 고객에게 들려준다. 대표적인 곡으로는 노라 존스(Norah Jones)의 'Don't know why', 빌리 할리데이(Billie Holiday)의 'Love man', 레이 찰스(Ray Charles)의 'Genuis Loves Company' 등이 있다. 국내 스타벅스의 경우 보통 3개월을 기준으로 3~4개의 CD를 번갈아 트는데, 케이스에는 사용가능한 기간이 명시돼 있다. 또 CD 플레이어에 곡명과 가수 이름이 자동으로 표기되어 고객이 물으면 언제든지 알려줄 수 있도록 돼 있다.

트렌드를 지향하는 음악들 사이로 잠시 호흡을 가다듬는 음반들이 잇따라 발매되고 있다. 이른바 '루스(loose·느슨한) 음악'이 뜨고 있다. 이제 써먹을 만큼 써먹은 다양한 음악 소스에 염증이나 한계를 느낀 가수들이 새 음반을 통해 느림의 미학과 휴머니즘을 향한 아날로그적 감성 및 덜 익은 감처럼 2% 부족한 아쉬운 사운드들을 투영하고 있다. 미국의 '어덜트 컨템포러리(성인음악)'에 견줄 만한 표현인 '루스 음악'은 진부하지 않은 사운드에 새로운 웰빙 감성을 덧댄 또 하나의 트렌드 음악인 셈이다(문화일보, 2007. 5. 9). 루스 음악을 이끄는 선두 주자들은 역시 관록과 실력을 겸비한 가수들이다. 재즈 보컬리스트 나윤선은 순수하고 달콤한 팝 앨범을 통해 대중과 거리 좁히기를 시도했고, '빛과 소금' 출신의 장기호도 새 앨범에서 이즈 리스닝 계열의 음악을 선보였다. 신세대 가수인 SG워너비도 '트렌드' 음악의 공식을 저버리는 대신 누구나 들을 수 있는 '공통분모'의 음악을 선보였다. 1980~1990년대 정서를 투입한 음악부터 국악의 흔적까지 힘을 뺀 음악들이 즐비하다. 독창적인 3명의 목소리도 한목소리로 합일될 만큼 날카로운 음색들이 무뎌졌다. 대중들이 강하고 복잡한 요즘 음악에 대해 피곤함을 느끼기 때문에 '루스 음악'을 찾는다. 디지털 문화의 부상에 따른 후유증으로 서정적이면서 예술적인 음악에 대한 관심이 높아지고 있다.

 　감성 펀치: 감성 전략 및 전술 지침

5. 몽블랑 만년필과 루이뷔통 핸드백의 공통점은?

◎ 값이 중요한 게 아닐지니

감성시대에서의 시장에서는 더 이상 필요(needs)만이 거래되는 시장이 아니다. 필요에 따른 상품을 파는 시장은 성장에 한계를 지닌다. 눈부신 기술의 발달로 인해 대부분의 제품은 기능이 향상되었고 상향 평준화되었다. 따라서 상품의 기능만으로 평가되는 시장은 이미 포화상태이고 '레드오션(Red ocean)'이 되었다. 소비자들은 제품에 깃들어 있는 가치와 보이지 않는 상징 및 이미지 등을 구매하고자 한다. 비슷한 기능과 가격이라면 제품에 스토리가 있고 의미가 있는 것을 고르게 되며, 설령 가격이 비싸더라도 자신의 욕망을 채울 수 있다면 기꺼이 대가를 지불하는 것이다. 나이키의 경우 오래 신으면 닳고 헤지는 것은 여느 신발과 같지만 나이키에 스며든 '승리·신화·불패' 등 스토리는 나이키만이 갖고 있는 가치이기 때문에 비싼 가격에도 세계적으로 많은 양이 구매되고 있다. 실제로 이러한 나이키의 가치는 스포츠스타들에게 투영되어 사람들에게 더욱 강렬하게 각인되었다. 예컨대, 농구장의 코트를 마치 한 마리 자유로운 새처럼 휘젓던 조던이야말로 소비자들이 원하는 이미지였고, 나이키의 에어 조던을 사고 싶어 했던 이들은 나이키의 에어 조던이 주는 이미지를 신발에 담고 그 이비지를 잊고 싶었던 것이다.

몽블랑 만년필과 루이뷔통 핸드백도 같은 원리다. 이처럼 감성시대

의 소비자는 물건 자체에 대가를 치르는 것이 아니라 물건에 담긴 이
야기와 가치에 대가를 지불한다. 이와 같은 감성소비는 계속해서 확
산되고 있으며 점차 비싼 것이 가치 있는 것이 아니라 제품에 의미와
가치가 있는 것이 비싸지고 있다.

[그림 3-7] 제품에 의미를 부여하는 광고 카피(아디다스와 나이키)

　　<퍼플 카우(Purple Cow)>의 저자 세스 고딘(Godin, S.)은 '보랏빛
소'를 예로 들며 다음과 같이 설명한다. 가족과 함께 프랑스 여행 도
중 동화에나 나옴 직한 소 떼 수백 마리가 고속도로 바로 옆 그림 같
은 초원에서 풀을 뜯고 있는 모습을 보고 절로 "아~ 정말 아름답다."
라고 탄성이 나왔으나, 채 20분도 지나지 않아 소들을 외면하기 시작
했다. 새로 나타난 소들은 아까 본 소들과 다를 바가 없었고, 평범하
다 못해 지루하기까지 했기 때문이었다. 그 소들 중 아무리 완벽하고
매력적이고 성질 좋은 놈이 있을지라도 지루하기는 마찬가지였다. 하
지만 세스 고딘은 여기서 '보랏빛 소'라면 어떨 것인가라는 질문을

제기한다. 같은 소지만 흥미가 다시 동할 것이라는 것이 바로 독특한 착상의 이유이다. 그는 산업혁명 이후 우리는 초원에서 풀을 뜯고 있는 같은 소를 보아 왔다. 소들은 기술의 발달로 기능적인 측면은 상향평준화되어 있었지만 소비자의 변화된 욕구를 충족시켜주기에는 무리가 있었다고 주장한다. 그리고 지루해하는 소비자에게 보랏빛 소는 감성의 소통을 의미한다고 설명하면서 감성의 욕구를 충족시켜줄 수 있어야 다시금 흥미와 관심을 갖게 된다고 단언하였다. 세스 고딘은 이 같은 현상을 종합하면서 "대다수 사람들의 필요(Needs)를 충족시키는 마케팅에서 이제 사람들의 욕구(Wants)를 충족시키는 마케팅의 시대에 접어들었다."라고 말한다. 그의 말처럼 21세기 고객의 욕구는 감성의 소통이다. 필요에 의한 시장이나 원하는 물건을 제공하는 시장 모두 한계가 존재한다. 하지만 소비자의 욕망, 즉 감성에 의한 시장은 무한하다. 인간의 욕망은 끝이 없기 때문이다.

감성만족을 중요시하는 감성시대의 소비문화는 지난 수십 년간 형성되어온 인구학적·사회문화적 변화에 의해 이루어진 것이며, 그 변화의 추세로 보아 감성 중심의 소비문화는 앞으로 더욱 강화될 것으로 전망된다. 소비자들은 능동적이고 적극적으로 진화했을 뿐 아니라 대단히 높은 개인적 열망과 구매력에 기반을 두어 각자의 감성에 맞는 상품이 눈앞에 나타날 때까지 물건을 까다롭게 살피며 쇼핑을 계속한다. 이들 소비자들은 상품의 기능과 질을 넘어 자신들의 취향과 감성에 안성맞춤인 상품을 원하게 된다. 그리고 이러한 취향과 감성은 상품에 스며든 이미지와 스토리에 의해 유혹되는 것이다.

감성치장으로 럭셔리한 삶을……

20세기에는 럭셔리(luxury)가 가격이나 배타성(exclusiveness)을 뜻했다면 21세기에 럭셔리는 가치관과 체험을 뜻하게 될 것이다. 이러한 변화는 다섯 단계를 걸쳐 진화한다. 첫 단계인 '획득 단계'는 소비자가 명품 브랜드를 성공의 훈장으로 삼으면서 돈이 많다는 것을 보여주는 단계이고, 여기서 발전한 두 번째 단계인 '탐구 단계'에서는 12년산 위스키와 17년산 위스키의 차이를 알고 느끼는 등 상품의 질에 대한 호기심을 갖고 접근하게 되는 단계이다. 세 번째 단계인 '권위 단계'에서는 상품에 대한 높은 식견을 갖게 돼 개인적인 취향에 대한 확신을 가지게 되는 단계이며, 네 번째 단계인 '체험 단계'가 되면 명상처럼 직접 체험하는 것에 중점을 두게 된다. 마지막 다섯 번째 단계인 '개화 단계'가 되면 소비자는 가장 비싼 상품이 아닌 '가장 좋은' 상품을 선택하게 되며 값보다는 자신에게 그 브랜드와 상품이 얼마나 소중한지를 따져 가치를 정하게 된다. 이 단계에서는 상품 자체보다는 상품이 만들어지는 과정을 중요시하게 되며, 생태에 대한 관심이 늘어나는 등 단순한 소비가 목적이 아니라 새로운 내용과 의미 그리고 이것들로 인한 감성적 자극을 더 중요하게 여기게 된다(연합뉴스, 2006. 7. 23).

차가운 이성이 지배적이던 초창기의 디지털 시대에서 기술과 감성이 어우러진 지금의 디지털 시대로 이행되기까지는 오랜 시간이 걸리지 않았다. 인간이기에 이성만으로 채울 수 없는 부분이 분명 존재하기 때문이다. 이처럼 현대인들은 차가운 디지털 시대로 나아갈수록 따뜻했던 아날로그 시대로 회귀하고자 하는 욕구를 강하게 나타낸다.

　기업은 이와 같은 소비자의 욕구를 반영하여 기본적으로는 디지털 기능을 탑재하고 유비쿼터스 환경에 맞는 제품과 서비스를 제공하되 감성적인 측면을 가미하여 소비자에게 소구하고 있다. 한편 영화산업에서도 디지털 기술의 발달로 인하여 3D로 현실의 모습을 거의 완벽하게 재연할 수 있게 되었고, 이러한 기술들은 다양한 분야에 적용됨으로써 2D가 줄 수 없는 실제적인 현실감을 제공할 수 있게 되었다. 그러나 3D로 제작되었던 영화나 애니메이션은 다양한 소재의 흥미 있는 이야깃거리는 제공하였으나 감성이 없는 차가운 느낌을 지울 수 없었다. 결국 3D가 주는 사실적인 이미지와 사람이 직접 손으로 그린 감성적인 2D의 합성인 소위 '2.5D 작품'이 등장하기도 하였다. 그 대표적인 작품이 바로 <원더풀 데이즈>이다. 즉 차가운 디지털에 사람의 온기가 불어넣어진 것이다. 비록 수익에서는 기대한 바에 미치지 못하였지만 관객의 욕구가 반영되었다는 점에서 고무적이었으며 향후 3D에서도 인간의 감성적인 측면이 꼭 고려되어야 함을 일깨워준 작품이었다.

　디지털 제품을 대표하는 MP3 플레이어 제조 메이커인 '아이리버'의 경우에도 감성소구를 적극 활용했다. 아이리버는 MP3 플레이어를 생산하는 회사로서 디지털의 수혜를 가장 많이 받고 있는 기업이다. 따라서 디지털의 장점과 효과를 극대화하여 기업의 이미지를 제고하고 홍보할 법한데 실제로는 정반대였다. 실제로 2004년 상반기 신입사원 모집 포스터에서는 규격화된 타이포그래피가 아닌 '산돌광수체'의 어눌한 캘리그라피를 사용하였다. 포스터의 내용도 '진짜 디지털은 아날로그다', '무쇠팔 무쇠다리도 없지만, 상대를 압도하는 덩치도 아니지만 아톰이 사랑받았던 진짜 이유는 심장을 가진 최초의 로봇이었기 때문입니다. 디지털 시대일수록 가슴은 머리보다 강하다.'라고 감성에 소구하고 있다. 이는 디지털 기반이라는 차가운 느낌의 기업 이미지를 지우고 인간적인 감성을 자극하여 소비자에게 가까이 다가가고자 하는 기업이미지 쇄신 전략의 하나이다. 또한 디지털 기술을 기반으로 하는 현 세대가 차가운 이성만으로 만족하지 못하고 다시금 감성 소구적 경향을 추구하는 상황을 그대로 반영하는 것이기도 하다.

[그림 3-8] 디지털을 기반으로 한 감성마케팅

* 2.5D '원더풀데이즈', 아이리버 신입사원 모집 포스터

이렇듯 사회 전반적으로 인간의 감성이 충분이 녹아들어 있는 제품과 서비스를 개발하고 시장에 출시하기 위한 시도와 노력들이 경주되고 있다. 편하게 운동복에 슬리퍼차림으로 들러볼 수 있는 동네의 편의점에서도 물건을 구입하는 고객들의 감성을 자극하기 위해서 매장 안에 음악을 틀어놓는 시대가 도래한 것이다.

제 4 부

감성표현 전략 및 전술

이미 소비제품은 실용적 가치나 상업적 가치를
넘어서는 중요한 의미를 지니고 있다.
그것의 중요성은 문화적 의미를 소통하고 운반하는 능력이다.
▶문화사회학자 그랜트 맥크라켄(Grant McCracken)

1. 감성을 자극 못 하는 콘텐츠는 무용지물!

◎ 감성영화, 웃기거나 혹은 울리거나

2005년 제작된 영화 <남극일기>는 한국 최초의 남극미스테리 등 화려한 수식어가 따라붙었고 송강호와 유지태 등 호화캐스팅과 뉴질랜드 현지 촬영을 위해 100억 원의 제작비가 투자되었지만 기대 이하의 참패를 맛보아야 했다. 비슷한 시기에 개봉한 <웰컴 투 동막골>은 전쟁을 소재로 하였고, 코믹영화라는 점에서 큰 기대를 모으지 못했다. 하지만 뚜껑을 열자 결과는 정반대로 나타났다. 800만 명을 동원하며 한국영화의 역사를 새롭게 썼다. 특히 호화캐스팅도 아니었고, 소재 역시 자칫 진부할 수 있었음에도 일궈낸 성과여서 더욱 놀랍기만 했다. 그렇다면 <웰컴 투 동막골>은 왜 역대 4위에 오를 만큼 엄청난 관객을 동원하며 열풍을 불러일으킬 수 있었을까. 이에 대한 답은 바로 감성에 있었다. 등장인물이 갖고 있는 사람 냄새가 바로 다양한 관객의 마음을 움직였고, 코믹한 진기가 지루하고 진부할 뻔했던 전쟁영화를 재미있고 감동적인 영화로서 탈바꿈해준 것이다. 산골

마을의 순박한 인간미와 곳곳에 숨어 있는 코믹한 연기는 영화를 보는 내내 입가에 흐뭇한 미소 짓게 해주었다. 관객의 감성을 슬그머니 자극한 것이다.

2005년에 <웰컴 투 동막골>이 있었다면, 2006년에는 <라디오스타>가 있었다. <왕의 남자>로 일약 스타감독으로 떠오른 이준익 감독의 차기작 <라디오스타>는 전형적인 감성영화로 특히 문화소비에 인색하고 소외되어 있는 '3040세대'의 지갑을 열게 했다. 80년대를 주름잡던 슈퍼스타가 지금 우리가 살고 있는 2000년대에 버겁게 살아가는 모습은 오늘날을 살아가고 있는 3040세대의 모습 같기도 했다. <라디오스타>는 개봉 한 달 만에 160만 명을 돌파하며 손익분기점을 넘어섰다. <라디오스타>는 추억과 공감이라는 감성이 문화소비에 얼마나 중요한 요소인지를 우리에게 보여준 것이다.

한편 한국영화는 아니지만, 음악과 감동이 있는 외화인 <어거스트 러쉬>는 2007년 잔잔한 감동을 주면서 의외의 흥행돌풍을 이어갔다. 천재소년의 음악을 매개로 한 부모 찾기의 여정을 다룬 <어거스트 러쉬>는 음악으로 소통하고 음악으로 표현하고 음악으로 교감하는 섬세한 감성을 전면에 내세워 국내 팬들에게 많은 반향을 이끌어냈다.

◎ 내겐 너무 감성적인 캘리그라피

캘리그라피(Calligraphy)는 그리스 희랍어인 칼리그라피아(Kalligraphia)에서 유래한 말로 칼리는 '아름다운(beautiful)'이라는 미(美)를 뜻하며, 그라피아는 서풍, 화풍, 서법(graphy)을 뜻한다. 따라서 캘리그라피는

'아름다운 서체'라고 정의할 수 있으며, 좁게는 손으로 쓴 글씨를 뜻하고 넓게는 인간의 의지로 정형화되지 않은 모든 형태의 그래픽 작업을 뜻한다. 결국 캘리그라피는 개성적인 표현과 우연을 중시하며 기계적인 표현이 아닌 손으로 쓴 아름다운 글씨체로 정의할 수 있다.

캘리그라피는 동양과 서양에서 각각의 문화적인 차이로 인해 다르게 인식되고 발전되어 왔다. 서양의 캘리그라피가 장식적이고 기능적인 측면이 강하다면 동양의 그것은 정신세계를 표출하고 인간의 감성을 표현하고자 하는 측면이 두드러졌다. 현재 유행하고 있는 캘리그라피는 서양의 그것보다 동양의 감성적인 측면이 강조된 것이라 할 수 있다. 다시 말해 단순한 시각적 효과에만 머무는 것이 아니라 작업한 사람의 손끝에서 전해지는 깊은 감성을 전달하는 데 주력함으로써 감성을 자극하는 매개체 역할까지도 하고 있는 것이다. 따라서 현재 우리 주변의 캘리그라피 트랜드는 디지털화되고 기계화되는 이 시대의 아날로그적 감수성으로의 회귀로 해석할 수 있다. 0과 1의 이분법적 디지털 재단을 넘어 자유롭게 표현될 수 있는 캘리그라피는 우리의 감성욕구를 대변하고 있는 것이다. 특히 소수의 한정된 글씨체만 제공되어 자신의 개성을 표현하기 어려웠던 온라인 사에서는 손으로 직접 쓴 효과를 나타낸 캘리그라피가 나타나면서 폭발적인 인기를 누리고 있다. 2005년 말부터 제공되기 시작한 캘리그라피는 2년이 채 되지 않아 오프라인의 서체 시장을 넘어서는 막대한 이윤을 창출하였다.

미니홈피로 유명한 SK커뮤니케이션즈는 2005년 8월부터 다양한 글꼴을 제공하였다. 또한 윤도현과 문근영, 현빈 그리고 동방신기 등 유명 연예인의 글씨체까지 서비스하였다. 2006년 9월 기준으로 이 같은 글꼴의 판매는 하루 평균 2만 5천 건에 육박하고, 글꼴이 자지하는 매출 비중도 하루 평균 2억 5천~7천에서 약 10%를 차지했다(매일경제, 2006. 9. 1.). '싸이월드'는 온라인 글꼴 시장의 90%를 점유하기도 하였다. 이처럼 캘리그라피가 단순 트렌드를 넘어 실제적으로 상품효과까지로 이어지는 것은 소비자 욕구가 매우 적극적이고 강렬하게 나타나는 것을 의미한다. 또한 누구나 똑같은 글씨체로 개성 없이 표현하는 것에 싫증을 느끼고 개성 있는 글씨체를 사용하려는 욕구에서 비롯된 것으로 해석되는데, 이 같은 욕구의 이면에는 역동적인 감성이 존재하고 있다. 휴대폰서비스에서도 글꼴 콘텐츠 판매가 폭발적인 인기를 누렸다. KT의 '폰트친구'서비스는 '산돌광수체' 등 220여 종의 글꼴을 지원하며 휴대폰 메뉴는 물론 문자메시지, 무선인터넷까지 원하는 글꼴을 제공하였다.

온라인뿐만 아니라 오프라인의 디자인·출판·음반·영화·광고·유통·요식업 등 사회 전반에 걸쳐 캘리그라피가 활용되지 않는 분야가 없다고 해도 과언이 아니다. 영화포스터, 출판, 광고, CI, BI 등 사회 전반에 걸쳐 트렌드로 나타나고 있다. 출판계에 내려오는 불문율 가운데 '제목이 80'이라는 말이 있다. 그만큼 제목이 중요하다는 의미다. 이 같은 제목의 중요성은 캘리그라피의 활용에서 두드러진다. 2007년 1월 기준 교보문고 베스트셀러 종합 100위권 가운데 16권이 캘리그라피로 표지를 장식했다. 소설분야로 국한시키면 베스트 10권 중 3권이 이 경우에 해당하는데, 2006년 같은 기간 소설 분야에서 단 한 권도 없었던 것과 비교하면 크게 대비되는 현상이다(조선일보, 2007. 1. 22.). 영화 포스터의 경우 제목에 쓰이는 캘리그라피는 최소 평균 300~400만 원선이며, 광고는 편당 평균 100만 원에서 150만 원 수준인 것으로 조사되고 있다.

　　두산의 소주 '처음처럼'도 캘리그라피의 효과를 톡톡히 본 사례다. 두산은 부동의 업계 1위 진로에 늘 고전을 면치 못했다. 하지만 2006년 2월 '처음처럼'을 출시하면서 큰 반향을 일으켰다. '처음처럼'은 기존의 소주와는 전혀 다른 컨셉과 이미지를 활용했다. 특히 신영복 성공회대 교수가 20여 년간 수감생활을 하며 옥중에서 쓴 '처음처럼'이라는 시집의 표제 세목 디자인으로 사용된 신 교수가 직접 쓴 캘리그라피를 소주의 디자인에 사용하였다. 시장점유율 5%도 채 넘지 못

했던 두산은 '처음처럼'을 출시한 지 17일 만에 1,000만 병, 51일 만에 3,000만 병 판매를 돌파하며 역대 신제품 소주 중 가장 빠른 성장세를 기록했다. 2006년 한 해 동안 무려 2억 병을 넘게 판매하고 시장점유율 14%라는 기염을 토했다. 여기에는 소비자의 감성 자극에 일조한 캘리그라피의 역할이 매우 컸던 것으로 분석되고 있다.

🌀 3F 체험을 제공하는 멀티테인먼트

미래의 콘텐츠가 지니는 가장 중요한 특징은 Fun(재미), Function (기능), Feel(감동)이 어우러지는 '멀티테인먼트(multi+entertainment＝multitainment)' 즐거움이 될 것이다. 바로 개개인의 욕구와 감정을 고려한 감성지향형 콘텐츠의 개발이 중요해질 것이라는 이야기다. 지금도 유치한 재미를 선사하는 키덜트(Kidult) 콘텐츠가 인기이며, 키티(kitty)를 소재로 한 캐릭터 제품은 소녀들뿐만 아니라 20-30대 여성들도 꾸준히 즐겨 찾고 있다. 또한 교육적 기능과 즐거움의 감성을 접목한 에듀테인먼트 콘텐츠 이용이 일반화되고 있으며, 건강 증진을 목적으로 하면서 재미를 더한 노인용 두뇌 게임의 소비도 늘고 있는 추세이다.

미래에는 이 같은 3F(Fun, Function, Feel)를 능동적 참여를 통해 극대화할 수 있는 체험형 콘텐츠도 일반화될 전망이다. 콘텐츠 향유 형태도 참여를 통한 감성의 능동적 체험이라는 코드를 중심으로 변화할 것이다. 이 같은 체험코드를 분명하게 보여준 것은 일본의 가전업체 소니의 플레이스테이션(Playstation)이다. 플레이스테이션의 판매는 단순한 게임기의 판매가 아니다. 플레이스테이션 구매자는 익숙함과 체험의 관성이 체험하게 되고 이것은 또 다른 구매 관성을 일으키게 된다. 체험을 극대화한 게임기로는 닌텐도의 '위(Wii)'도 있다. 닌텐도에서 출시한 차세대 게임기 '위'에는 햅틱스(haptics) 기술 등이 적용된 전용 리모콘인 '위모콘'이 제공되어 좌우로 흔들거나 눌러서 게임을 진행할 수 있게 한다. 완구시장에서 블록 장남감으로 유명한 레고사의 블록로봇인 '마인드스톰(Mindstorm)'과 소니사의 로봇 애완견인 '아이보(AIBO)'도 대표적인 기술융합형 체험 아이템이다. 이 밖에 온라인과 모바일에서의 체험을 물리적인 공간으로 확장하려는 노력들도 전개되고 있다. 실제 많은 기업들도 소비자가 직접 체험하고 콘텐츠를 사용해볼 수 있는 공간을 마련하고 있다. 체험을 통한 감성만족은 미래의 콘텐츠산업의 핵심 키워드가 되고 있는 것이다.

[그림 4-2] 엑스퍼테인먼트가 가미된 닌텐독스

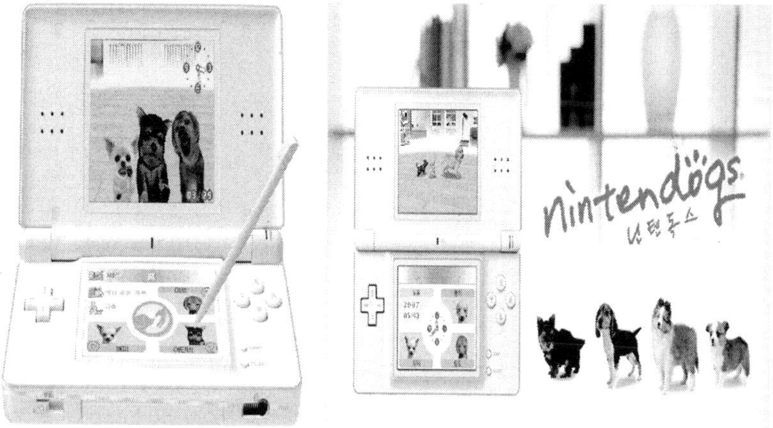

체험을 통해 감성을 창출하는 감성체험콘텐츠는 엑스퍼테인먼트(Ex-pertainment)라고도 불린다. 출시된 지 1년도 안 돼 세계적으로 1300만 개가 판매된 닌텐도 DS용 소프트웨어인 '닌텐독스'의 경우도 엑스퍼테인먼트의 사례이다. 닌텐독스는 휴대용 애완견 게임이지만 과거의 다마고찌와는 전혀 다른 방식으로 이용자가 터치스크린을 통해 직접 쓰다듬고 강아지는 거기에 반응하는 것을 체험하면서 감성을 생성하게 한다.

2. 감성적 디자인이 마케팅전략의 핵심

◎ Design or Resign

"Design or Resign." 1979년 경제 위기상황에서 영국 총리에 취임한 마거릿 대처는 "디자인 하라. 아니면 사직하라."라며 디자인의 중요성을 역설했다. 영국 경제 재건을 위해 '디자인 혁명'을 선언한 것이다. 이후 1980년대 보수당 정권에서 디자인은 곧 혁신으로 통했다. 영국은 디자인을 창조적 산업(Creative Industry)의 원천으로 육성해왔다. 블레어 전 총리도 1997년 취임과 함께 '창조적 영국(Creative

Britain)’, ‘멋진 영국(Cool Britain)’을 슬로건으로 내걸고 “영국을 세계의 디자인 공장으로 만들자.”라고 역설했다. 그 결과 영국이 디자인 하나만으로 해외에서 벌어들인 수입은 2006년에 8억 파운드(약 1조 4,625억 원)에 달했다. 이처럼 기업과 국가경쟁력을 키우기 위한 무게중심이 가격과 품질에서 디자인으로 빠르게 옮겨가면서 디자인은 이미 제품경쟁력의 핵심요소가 되었다. 미디어가 메시지라면 디자인 그 자체가 곧 상품이 된 것이다.

디자인의 중요성은 이렇듯 21세기에 들어와 더욱 높아지고 있다. 특히 최근에는 디자인 역량 부족으로 인해 시장에서 도태되는 기업들이 많다. 경영자들은 보다 나은 디자인을 개발하기 위해 열을 올리지만 뜻대로 잘 되지 않는다. 고객에게 사랑받는 위대한 디자인을 만들기 위한 세 가지 비결은 다음과 같다.

첫 번째는 ‘사람’이다. 요즘 소비자들은 제품을 선택할 때 ‘어느 기업이 만들었나’보다 ‘누가 디자인했나’를 따진다. 즉 ‘made in’ 시대에서 ‘designed by’의 시대가 되고 있는 것이다. 그래서일까? 아르마니폰이나 프라다폰, 앙드레김 냉장고 등 디자이너의 이름을 내건 제품을 심심치 않게 볼 수 있다. 이렇게 디자이너를 마케팅의 전면에 내세우는 데는 몇 가지 이유가 있다. 우선 디자이너의 유명세는 제품 이미지 향상으로 직결된다. 즉 후광 효과다. 이는 쓰러져가는 기업을 다시 일으킬 정도로 큰 힘을 발휘한다. 푸마의 사례를 보자. 푸마는 나이키에 밀려 내리막길을 걷고 있었다. 이런 푸마를 살려낸 것이 바로 독일의 유명 디자이너 질 샌더(Sander)였다. 그가 디자인한 스니커즈(운동화 종류)는 불티나게 팔려 나갔고, 푸마는 이를 통해 승승장구하게 됐다. 단순한 스포츠 브랜드가 아니라 ‘패션을 입은 브랜드’로 이미지 변신에 성공한 것이다.

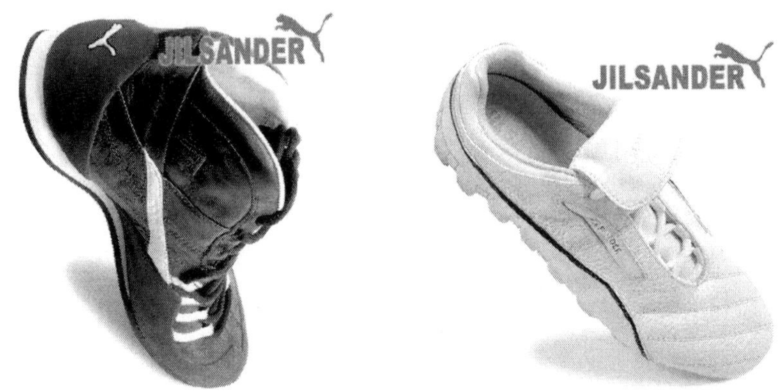

[그림 4-3] 패션을 입은 브랜드로 재도약하게 한 푸마의 진샐더 라인

두 번째 조건은 '이야기(story)'이다. 담배를 피워본 사람이라면 한 번쯤은 지포(Zippo)라이터를 사고 싶어 한다. 수많은 라이터 중에서 유난히 지포라이터가 인기를 끄는 이유가 있다. 그것은 바로 '속주머니에 넣어둔 지포라이터가 날아오는 총알을 막아줘 병사의 목숨을 구했다.'라는 이야기이다. 단순히 예쁘기만 한 디자인은 오래가지 않는다. 그러나 브랜드의 정체성이 담긴 '이야기가 있는 디자인'은 전설로 남을 수 있다.

마지막은 '디자인 최우선주의' 정신이다. '위대한 디자인을 위해서라면 다른 모든 것을 과감히 포기하겠다.'라는 신념이 있어야 한다. '디자인 하면 애플'이라고 할 정도로 애플의 디자인 경영은 유명하다. 여기엔 디자인 최우선주의가 깔려 있다. 단적인 예가 애프터서비스다. 대부분의 기업들이 제품에 이상이 생기면 '일정 기간 무상수리, 이후에는 유상수리'라는 원칙을 갖고 있다. 하지만 애플의 애프터서비스 원칙은 무상교환이다. 수리는 이들의 고려 대상이 아니다. 그 이유는 좋은 디자인을 유지하기 위해서다. 애프터서비스를 하려면 전자 제품을 분해해 조립할 수 있도록 만들어야 한다. 그렇게 되면 나사구멍이나 파팅라인 등으로 인해 디자인에 제약을 가져온다. 애플은 이것을 참을 수 없어 차라리 무상교환을 해준다는 것이다. 애플은 이렇게 애프터서비스의 원칙마저 바꿔가면서 디자인 완성도를 높였다. 사람들의 마음을 사로잡는 디자인은 바로 이처럼 확고한 디자인 철학에서 나온다(조선일보, 2008. 3. 15).

디자인에는 좁은 의미의 디자인과 넓은 의미의 디자인이 있다. 좁은 의미의 디자인은 일종의 시각화 과정을 의미한다. 일정한 목적에 따라 형태와 이미지를 상상하거나 계획하고, 그것을 모형이나 정교한 스케치 또는 플랜의 형태로 구체화하는 과정이 좁은 의미의 디자인이다. 반면 넓은 의미의 디자인은 조직의 디자인, 인생 디자인, 시스템 디자인 등을 의미한다.

그동안 한국에서의 디자인 개념은 외양을 그럴듯하게 포장하는 시각화 과정으로서 산업과의 관계를 중심으로 이해되었다. 한국에서는 디자인을 인공적인 환경을 만들어나가는 기초이며, 대량생산을 위한 도구이자 상업적인 수단으로만 여겨 온 것이 사실이다. 지난 30~40년간 한국의 디자인은 200년에 걸친 서구 근대화 과정을 30년에 압축시켜 받아들였다. 서구 근대화와 발맞추기 위해 산업적인 측면에서만 정책들을 시행함으로써 디자인에 대한 왜곡된 시각을 퍼뜨리게 되었다. 그 결과, '디자인은 곧 포장'이라는 협소한 개념의 디자인 개념이 널리 퍼졌다. 그로 인해 디자인은 그 자체로서 중요성이 인식되기보다는 상품 포장의 기능적 가치 차원에서만 인정받았다. 디자인은 수출 산업과 고성장을 위한 하나의 도구였을 뿐 그 이상은 아니었다 (한국문화콘텐츠진흥원, 2004).

그러나 21세기에는 디자인이 지니는 가치에 대한 재정립이 요구되고 있다. 특히 디지털 시대를 기점으로 디자인 개념을 새롭게 정립할 필요가 대두되고 있다. 이미 유럽에서는 새로운 시대의 디자인을 연구하는 움직임이 보이고 있다. 유럽 연합은 디자인학이 각 민족과 국가 간의 상호문화 이해와 이념 공유의 형성에 중요한 역할을 수행한다는 인식 아래 공동 연구와 공개 토론을 계속하고 있다. 여기에는 유럽 연합이 공유해야 할 이념에는 생태학(ecology)적 문제와 함께 전 지구적 관점에서 각 지역과 민족의 문화적 아이덴티티를 어떻게 유지해갈 것인가와 같은 주제의 토론도 포함된다. 이러한 디자인계의 흐름 속에서 한국의 디자인 또한 그 개념설정과 이해가 달라져야 한다. 곧, 21세기 패러다임에 맞는 디자인의 모습과 역할이 고민되어야 하는 것이다.

21세기 디자인은 시각적인 조형물만을 만들어내는 것에서 벗어나 보다 더 폭넓은 디자인 '행위'로 나아가고 있다. 이제 디자인은 조형적 뜻에서 벗어나 구상이나 발상을 뜻하는 단계에 이르게 되었다. 디자인은 하나의 문화적 현상으로 자리잡게 되었으며 문화를 만들고 형성하는 적극적인 것으로, 그것 자체가 하나의 문화가 되었다. 오늘의 소비자는 상표와 상관없이 자신만의 정체성과 멋을 강조할 수 있는 상품을 찾는다. 지금은 디자인이 소비자의 개성을 창출하는 시대이다. 소비자는 브랜드보다는 디자인을 통해 '멋 부리기'를 원하고 있다. 따라서 기업들은 디자인을 비용의 측면이 아닌 이윤창출의 기회로 보아야 한다.

과거에는 '같은 값이면 다홍치마'라고 했지만 요즘에는 값이 차이가 나도 예쁘고 디자인이 좋은 옷이 선택되기 마련이다. 21세기의 냉혹한 비즈니스 환경에서 살아남기 위한 절대 변수는 디자인이라고 해도 과언이 아닐 것이다.

디자인 패러다임의 전환

지금까지 대부분의 기업들은 기술 개발에만 치중하다 보니 소비자의 증가된 디자인에 대한 욕구를 충분히 만족시키지 못했다. 이제 디자인에 대한 소비자의 욕구를 간과한 상품은 아무리 훌륭한 기술이 적용된 상품이라 할지라도 시장에서 경쟁력을 유지하기 어렵게 되었다. 디자인은 이제 기술과 소비자의 간격을 메워주고 있다. 삼성 애니콜 휴대폰, 동양매직의 'It's Magic' 가전기기 시리즈, 태평양의 슬라이딩형 콤팩트, EXR코리아의 스니커즈, 계양전기의 전동공구, 굽이 살짝 벌어진 입술처럼 생긴 쌈지의 텅 슈즈 등 국내에서 소위 '히트 쳤다'는 제품들의 공통점은 모두 디자인 전문업체인 '이노디자인(INNO design)'의 손을 거쳤다는 점이다. '이노디자인'은 소비자들을 관찰하는 데 많은 시간을 할애한다. 예컨대, 아이리버의 목걸이 타입 MP3플레이어는 목걸이와 이어폰을 따로 걸고 다니는 젊은이들의 모습을 보면서 '목걸이에서 이어폰이 바로 빠져나오면 안 될까.'라는 착상에서 출발했다. 소비자들이 미처 생각하지 못한 아이디어가 가미돼야만 좋은 디자인인 것이다.

'이노디자인'은 '디자인 퍼스트(design first) 이론'을 전개한다. '진정한 신상품은 혁신적인 아이디어에서부터 시작되어야 한다.'라는 명제 아래, 전략을 수립할 때 가격과 비용보다 구매자가 느끼는 효용성부터 먼저 고려하며 '디자인으로 풀어가는 입체경영'을 시스템화한다. 신제품과 관련한 전체 디자인 회의를 할 때는 디자인 담당임원뿐 아니라 마케팅·기술·생산·재무 담당임원까지 참여해야 하는데, 이는 디자인을 중심에 놓고 각 분야의 연결고리를 한눈에 파악하기 위함이다. 그리고 제대로 된 디자인은 생산비용까지 절감시켜야 하고, 디자인을 수행하는 절차도 가치 혁신적이어야 한다고 본다. 또한 디자이너가 먼저 상품의 컨셉을 고객사에 제안하는 방식을 취한다. 고객사가 일방적으로 던져주는 제품 사양에 따라 외관을 장식하는 데 치중하는 기존 프로세스와는 정반대 모습이다.

21세기에 들어와 디자인은 감성시대 가치창출의 원천으로 작용하고 있다. 감성시대의 디자인은 경직된 틀에서 벗어나 기능 향상(enriching function)을 목표로 하던 것에서 경험 제공(providing experience)을 목표로 하는 것으로 전환되었다. 또한 이익 중심(profit-centered)이 아니라 가치 중심(value-centered)으로 나아가며 만족(satisfaction)을 넘어 감동(emotion)을 지향한다.

[표 4-1] 디자인 패러다임의 진화

올드 패러다임	뉴 패러다임
표준화(standardization)	특성화(specialization)
대량생산(mass production)	대량 주문(mass customization)
기성품(ready-made	주문품(built to order)
기능 향상(enriching function)	경험 제공(providing experience)
이익 중심(profit-centered)	가치 중심(value-centered)
만족(satisfaction)	감동(emotion)

이제 부차적인 부분으로 여겨졌던 디자인은 옛 구조에서 새로운 구조로 전환될 시기에 이르렀다. 이른바 디자인 혁명이 요구되고 있다. 디자인 산업은 4단계 혁명을 통해 진화해 왔는데, 이를 좀 더 구체적으로 설명하면 다음과 같이 정리할 수 있다(조동성, 2003).

[표 4-2] 디자인 산업의 4단계 혁명

▶ 1차 혁명: 기존 디자인 산업 간의 연계(Interconnection)
디지털 혁명에서 비롯한 웹 디자인 산업이 나타났다. 동시에 그동안 세분화되었던 건축, 공예, 패션, 환경 등 여러 디자인 산업 간에 연계가 이루어지고 있다. 1차 혁명은 이미 1990년대에 시작되어 간헐적으로나마 진행되고 있다.

▶ 2차 혁명: 디자인 영역의 확장(Expansion)
시각적인 영역에 국한시켜 왔던 디자인이 청각(작곡), 미각(요리), 후각, 촉각, 감각으로 확장되는 과정에서 나타나는 혁명이다. 이 과정에서 시각적인 영역에서 사용되어온 '조형의 원칙'이 '디자인 이론'으로 확립된다. 이와 동시에 하나의 제품에 5감 기능이 모두 적용되면서 이들이 통일된 전체를 이루게 된다. 특히 기존의 오감 이외에 육감을 디자인의 요소로 적용시키려는 실험적인 시도가 현실화될 것이다. 이 혁명은 1990년대 후반에 그 씨앗이 뿌려졌다.

▶ 3차 혁명: 새로운 분야에 대한 디자인원칙의 적용(Application)
정치, 경제, 경영, 사회 등 디자인 관련 학문에 디자인 이론을 적용함으로써 디자인 분야가 보다 일반화되고, 발전을 이루는 단계이다. 이 혁명은 2000년 이후에 나타나고 있다.

▶ 4차 혁명: 디자인 적용 분야의 통합(Integration of Design-Applied Fields)
1, 2, 3차 혁명이 동시에 진행되고, 각 혁명 상호간의 피드백에 의해 1, 2, 3차 혁명이 통합하는 과정으로, 각 분야 간 경계가 사라지고 디자인 혁명이 완성되는 시점에 혁명이 완수될 것이다 이 혁명은 2010년대 이후에나 나타날 것이다.

감성시대의 디자인은 문화콘텐츠에도 적용되고 있으며 '문화콘텐츠 디자인'이라는 용어도 자주 쓰이게 되었다. 문화콘텐츠 디자인은 디자인 산업의 혁명단계와 그 맥을 같이한다. 시대와 산업 구조가 변화하고 소비자들의 욕구 또한 변화해가면서 디자인도 그에 맞게 변화해가야 하며, 사회 전체의 문화적 차원의 디자인으로 나아가야 한다. 따라서 위의 3차 혁명에서 논의되는 디자인 원칙이 문화콘텐츠 디자인이 추구해야 할 목표라 할 수 있다. 문화콘텐츠 디자인은 사회의 여러 분야에 적용되고, 이를 통해 그 과정 자체가 하나의 문화 현상을 만들어나감으로써 기존의 제품 생산 중심의 디자인에서 사회를 포괄적으로 아우르고, 새로운 문화콘텐츠들을 생산하는 디자인으로 나아가야 하는 것이다.

◎ 창의와 감수성의 발굴, 콘텐츠 디자인의 목표

문화콘텐츠 디자인 개념을 이해함에 앞서 우선시될 것은 문화콘텐츠와 디자인의 관계를 어떤 연결고리로 어떻게 설정하는가의 문제이다. 오늘날 디자인은 상품을 디자인한다는 구체적인 디자인 행위를 넘어서 새로운 문화를 만들어가는 행위로서 이해되고 있다. 이로써 디자이너는 더 이상 '장식하는 디자이너'로서의 역할뿐만 아니라, 콘텐츠 설계자(information architect)로서 그 역할이 바뀌고 있다(장동련, 2004).

한국문화콘텐츠진흥원(2004)은 한국의 '문화콘텐츠 디자인'이 지향해야 할 속성으로 다음과 같은 몇 가지 사항을 제시하고 있다. 첫째,

문화콘텐츠 디자인은 창의적 융합이어야 한다. 콘텐츠 디자인의 특징은 각 분야의 영역들을 융합시키는 역할을 하는 것이어야 한다는 의미다. 그것은 21세기형 정보 문화 기술이며, 이는 기존의 IT의 기술 중심에서 문화가 더해진 것을 뜻한다. 콘텐츠 디자인을 통해 기존의 정보와 지식이 결합하고 연관을 맺으면서 새로운 지식 및 정보가 만들어지게 된다. 콘텐츠 디자인은 음악을 신화와 연결시키고, 종교와 상징을 연결시키면서 새로운 문화콘텐츠를 만들게 된다. 따라서 콘텐츠 디자인은 이미 있는 콘텐츠들을 대상으로 하기 때문에 창의적이어야 한다. 동양의 천지인 사상과 발음 기관을 본떠서 만든 닿자 그리고 낳자가 합쳐져 기하학적이고 현대적인 문자인 한글이 만들어졌듯이, 문화콘텐츠 디자인도 영역간의 어울림을 이끌어내는 창의적인 작업이어야 한다.

둘째, 문화콘텐츠 디자인은 '새로운 한국' 만들기이다. 콘텐츠 디자인은 정체성 만들기 행위라는 의미이다. 21세기 세계화 물결과 다문화주의 속에서 보다 더 중요하게 된 것은 각 국가, 민족, 지역의 특수성이다. 그리고 특수성은 정체성 형성을 통해 표현된다. 콘텐츠 디자인은 또 하나의 새로운 한국을 만드는 작업으로서, 이를 통해 한국은 21세기 한국의 정체성을 형성해야 한다. 그것은 우리 문화의 독자성을 알릴 수 있는 공공디자인 영역을 개발해나가고 동북아권의 문화 창조자로서 그 역할을 해나가는 것에서 시작한다. 그 과정에서 문화콘텐츠 디자인은 시대적으로 그리고 소재에 있어서 열린 작업이 되어야 한다. 2004년 칸느영화제에서 감독상을 받은 영화 <올드보이>는 일본 만화가 원작이다. 소재는 일본 것이지만, 결과물은 한국의 것에 속한다. 그 결과물을 통해 우리는 한국의 새로운 문화콘텐츠를 만들었던 것이다. 문화콘텐츠 디자인은 이와 같은 열린 자세에서 시작되어야 한다.

셋째, 문화콘텐츠 디자인은 21세기의 대안적 패러다임이다. 콘텐츠 디자인은 쓰레기를 낳고, 동물을 학대하는 것에서 벗어나 이제는 생명과 환경을 중시하는 방향으로 전환해야 한다는 의미이다. 따라서 콘텐츠 디자인은 친환경적이며 생명 중심적이어야 한다. 나아가 콘텐츠 디자인은 사회 약자를 위한 보다 많은 정책과 배려가 이루어지도록 해야 한다. 그동안 남성 중심적인, 산업 중심적인, 물질 중심적인, 이성 중심적인 것에서 여성을 위하고, 문화를 위하고, 정신을 위하며 감성을 위하는 방향으로 나아가야 한다. 아울러, 콘텐츠 디자인은 서구 중심의 기준에서 벗어나 동양의 새로운 질서를 정립해나가는 작업이 되어야 한다. 그동안 20세기가 서구의 동양에 대한 지배와 착취의 일방통행의 성격이었다면, 20세기는 조화와 화해의 성격으로 나아감으로써 서양과 동양의 쌍방향적인 소통을 지향해야 한다.

넷째, '문화콘텐츠 디자인'은 문화 만들기이자 그 자체가 문화이다. 문화는 의미부여 행위(signifying practice)를 통해 만들어진다. 새로운 문화와 그 가치를 생산하는 콘텐츠 디자인은 기존의 것들에 대한 의미부여 행위로 규정지을 수 있다. 기존의 것에 새로운 의미 부여를 하는 문화콘텐츠 디자인은 다름 아닌 문화 만들기이자 그 자체로서 하나의 문화가 된다. 콘텐츠 디자인은 삶으로서의 디자인, 문화로서의 디자인을 지향함으로써 융합을 통한 새로운 창조 행위를 영위해나가며, 21세기 대안적 패러다임을 수용함으로써 한국의 새로운 정체성을 형성하는 데 앞장서게 된다.

'문화콘텐츠 디자인'의 시각에서 볼 때, 콘텐츠는 자산(poverty)의 차원에서 이해하지 않고 자원(resource)의 개념으로 파악해야 한다. 콘텐츠 디자인은 자원으로서의 콘텐츠들 또한 포함시킴으로써 모든 활용 가능한 유무형의 요소들을 콘텐츠 디자인의 대상으로 삼도록 해야 한다. 한 국가의 이념을 만들고, 교육 기관을 설립하고, 공공디자인을 통한 국가 이미지를 실현시킴으로써 콘텐츠 디자인은 곧 문화 생산의 행위로 나아가야 한다.

디자인을 문화현상으로 바라보고 그것을 삶으로 이해하는 것을 시작으로, 디자인은 우리 삶 속으로 들어오게 된다. 디자인이 문화현상으로 이해되고 '문화를 디자인한다.'라는 광의의 개념으로 나아가게 될 때, 우리 삶과 문화는 한층 더 다양하고, 질적으로 풍요로운 단계에 이를 수 있다. 디자인이 문화현상이라는 뜻은 곧 디자인이 인간의 삶임을 의미한다. 디자인이 삶이 되면 우리는 디자인과 함께 생활하게 되고, 그만큼 디자인은 우리 삶 깊숙이 파고들게 된다. 디자인이 이렇듯 우리 삶과 가까워지게 되면 디자인 행위는 보다 더 인간을 위한 나아가, 생명과 환경을 위한 디자인적 실천행위로서 요청받게 된다(한국문화콘텐츠진흥원, 2004). 이는 기존의 물질 중심적이고 산업 중심적이었던 디자인의 패러다임을 자연스럽게 변화시키는 것으로서, 그동안 디자인은 소비자를 유혹하는 성향에 서 있었다면 미래의 디자인은 소비자의 생명을 지키는 디자인의 위치에 보다 더 한 발짝 가까이 다가갈 것이다.

3. 감성 색채로 소비자 유인하기

◎ 색채광고의 몽롱한 판타지

광고에 있어 색채는 매우 중요한 의미를 갖는다. 특히 영상기술과 매체의 발달로 인해 광고 분야 전반에 걸쳐 색채가 차지하는 비중은 점차 커져가고 있다. 우리나라에서는 컬러TV 방송이 실시된 1980년 11월 1일 이후부터 본격적인 색채광고가 시작되었다. 그 결과 흑백 TV 시절이었던 1980년대 이전만 해도 전체 신문광고에서 색채광고가 차지하는 비중은 10%에도 미치지 못하였지만 1990년대 후반에는 40%에 육박하게 되었다(이재수, 1996).

컬러TV가 보급된 이후에 태어난 세대들은 색채에 대한 감각이 이전 세대보다 훨씬 뛰어나며 그 활용도는 인터넷을 비롯한 뉴미디어의 등장으로 더욱 높아지고 있다. 이처럼 광고에 있어 색채의 중요성이 부각되면서 컬러마케팅이 등장하였으며, 그 영향력 또한 엄청났다. 컬러마케팅의 대표적 사례로는 폭스바겐의 뉴비틀(New Beetle)이나 비씨카드, SK주유소 등 광고를 들 수 있다. 이들 광고는 모두 파격적인 신(新)색채의 제품이나 특정한 컬러를 집중 부각시킨 광고 캠페인 형식을 띠고 있다. 하지만 새로운 제품의 개발이나 색채를 강조하는 광고를 컬러마케팅의 전부라고 할 수는 없다. 우리는 간판의 글씨가 잘 보이지 않는 먼 곳에서도 어느 주유소인지 쉽게 알 수 있는데, 그 이유는 각 기업마다 하나의 컬러를 부각시켜 이미지화했기 때문이다. 이처럼 하나의 컬러만을 부각시켜 고유한 이미지를 소비자의 마음에 지속적으로 각인시키는 컬러마케팅은 국내외를 막론하고 자주 쓰이는 전략이다. 동종업계에서 경쟁업체와 차별화를 추구하기 위해서는 서로 상반되는 색채를 활용하곤 하는데, 이는 색채를 통해 기업의 이미지와 상징의 효과를 극대화하기 위함이다. 주유업체들의 사례 외에도 동종업계에서 차별화된 컬러마케팅을 구사하는 기업들은 무수히 많다. 예컨대 코닥필름은 노란색을 사용하는 반면 후지필름은 초록색을 사용하며, 코카콜라는 빨간색을, 그리고 펩시콜라는 파란색을 사용하고 있다.

한국을 대표하는 세계적인 그룹 '삼성'도 단일 색깔로 이미지를 구축한 성공적인 사례로 꼽을 수 있다. 소위 삼성컬러라 불리는 파란색은 각 계열사 및 제품에 CI로 사용됨으로써 폭넓게 인지되고 있으며, 삼성 축구단 '삼성블루윙스'나 삼성 에어컨 '블루윈'처럼 직접적인 언어적 표현을 추가적으로 사용하기도 한다. 이뿐 아니라 삼성의 광고에서 파란색은 적극적이고 때로는 은밀하게 사용된다. 삼성 보너스카드 광고의 경우에는 정우성이 흰 티셔츠와 흰 바지를 입고 파란색 가디건을 어깨에 두르고 파란 하늘을 배경으로 파란색의 삼성 보너스카드 가맹점으로 들어가는 형태로 구성된다. 이처럼 적극적인 표현이 사용된 광고가 있는 반면, 클레이 애니메이션으로 제작된 삼성전자의 시리즈 광고 '또 하나의 가족'에서는 파란 색채4가 은밀하게 사용되었다. 밤하늘을 파랗게 표현하고 아버지의 재킷과 기차의 시트를 파랗게 표현하는 등 파란 색채를 광고 전반에 은밀하게 사용하고 있다. 이처럼 삼성은 파란 색채를 기업 특유의 색채로 부각시켜 희망·신뢰·깨끗함 등 이미지를 형성했다.

◎ 색채를 이용하면 0.1초 안에 구별짓기 가능

소비자가 쇼핑을 할 때 한 제품에 시선을 고정하는 시간은 약 0.1초가 못 된다고 한다. 이는 본다고 하기보다는 지나치는 것과도 같다. 이러한 상황에서 제품에 대한 인상은 이미지와 상징으로 형성되기 쉽다. 제품에 녹아 있는 색채는 이미지와 상징을 대표하는 역할을 담당하기 때문에 광고에 있어 색채는 더더욱 중요한 비중을 차지한다. 다시 말해 색채는 상품과 소비자의 감성을 이어주는 연결고리의 역할을 담당하고 있는 것이다. 이와 같은 맥락에서 보면 색채는 상품의 이미지를 구별시켜 구매선택의 결정적인 역할을 담당하기도 하는 것이다. 따라서 다른 경쟁상품과 색깔이 비슷비슷하거나 일관성이 없다면 소비자들은 이미지와 상징에 대한 혼란을 갖게 되고 이는 마케팅 실패로 이어질 가능성이 높다. 기업이 브랜드 로고, CI, 간판, 인쇄물 등에서 동일하고 차별화된 색채를 고집하는 이유가 여기에 있다.

광고에서 색채는 상품의 이미지를 극대화하는 데 쓰인다. 소비자는 광고를 통해 상품의 이미지와 상징을 형성하게 되는데, 이때 대표적인 색깔이 어떤 것이냐에 따라 다르게 인식하는데 이러한 인식은 사회적인 통념과 관습에 의해 영향을 받게 된다. 예컨대 5~6살 어린아이들이 특정한 학습을 하지 않았음에도 불구하고 통상적으로 분홍색은 여자색, 파란색은 남자색으로 인식하는 것은 사회적 통념과 관습 때문이다. 물론 색채는 개인의 취향에 따라 다른 의미로 파악될 수 있으나 큰 틀에서의 사회적 통념은 통상적인 색채의 의미를 형성하고 이러한 의미는 광고제작에 있어서도 중요하게 고려된다. 하루에도 수십, 수백 개의 새로운 광고가 쏟아져 나오는 광고의 홍수시대에 색채감각을 누가 얼마나 잘 읽고 적용하느냐에 마케팅의 성패가 달려 있다고 해도 과언이 아니다. 특히 기술의 발달로 품질이 상향평준화되고 기능이 다양해지면서 소비자들은 제품의 이미지나 스토리를 구매하는 감성소비를 하고 있다. 따라서 기업은 자기 제품만의 독특한 색채를 내세워 이미지를 형성하고 그 이미지를 판매하기 위해 노력하고 있다.

인류와 함께해온 가장 오래된 색인 빨강은 자극적이고 활동적이며 의지력을 표현한다. 이 같은 특징으로 인해 많은 기업이 빨강을 기업을 대표하는 색채로 삼고 있다. 하지만 같은 색이라고 할지라도 제품의 특성과 광고소재 등에 따라 다른 느낌을 전달한다. 예컨대 코카콜라의 경우 겨울만 되면 판매가 부진하여 고심하던 중, 따뜻한 이미지의 빨간 모자와 외투를 입은 빨간색 산타클로스를 내세워 한겨울에도 청량음료를 마실 수 있다는 점을 부각시켰다. 빨간 바탕 로고와 흰색으로 흘겨 쓴 글씨를 산타클로스의 빨간 옷과 흰 소매로 형상화했고, 흰 수염은 코카콜라의 거품으로 상징화했다. 결과는 대성공이었고, 1900년대 초까지도 여러 가지 색과 다양한 모습을 했던 산타클로스는 코카콜라의 마케팅 이후 지금과 같이 빨간 산타클로스로 정형화되었다. 이 밖에도 월드컵 때 시청 앞 광장을 붉게 물들였던 '붉은 악마'는 대한민국의 젊은 열정을 보여줬고, 도도 화장품의 '새빨간 거짓말'에서 사용됐던 빨강은 도발적인 느낌을 나타냈다. 또한 비씨카드의 빨강은 광고 속에서 사과·모자·장갑 등 소품과 함께 발랄하고 경쾌한 이미지를 부각시켰다. 이처럼 같은 색이지만 어떤 제품으로, 어떤 소재로, 어떤 이미지로 표현되느냐에 따라 상이한 결과가 나타나게 되는 것이다.

4. 우리만의 감수성을 지키는 것이 경쟁력

◉ 상품이 아니라 정(情)을 파는 초코파이의 성공신화

2003년 9월을 기준으로 국민 한 사람당 일 년 평균 180개씩 먹은 것으로 조사된 과자가 있다. 바로 '초코파이'이다. 초코파이는 1974년에 첫선을 보인 이래로 30년이 지난 오늘까지 장수하고 있는 대표적인 국민 과자라 할 만하다. 소비자의 입맛이 갈수록 서구화되고 고급화되었음에도 불구하고, 30여 년간 똑같은 맛을 지켜 오면서도 이렇듯 폭발적인 인기를 누리고 있는 이유는 무엇일까? 바로 '정(情)' 때문이다.

실제로 1990년대 초반 매출 감소로 퇴출 위기에 놓였던 '초코파이'를 되살린 것은 친구와 부모 간의 사랑을 다루며 10여 년 넘게 지속시킨 '정' 캠페인이었다. '초코파이＝정'이라는 등식이 성립될 정도로, '초코파이'는 단순한 과자가 아니라 마음을 전하는 매개물이라는 이미지를 갖게 되었다. 우리는 초코파이를 맛으로 먹지만, 간혹 '정'이라는 이미지가 우리로 하여금 상점에서 초코파이를 집어 들게 만들기도 한다.

무척이나 무더웠던 1987년 여름, 오리온의 간판 상품인 초코파이는 퇴출 위기에 몰렸다. 1974년 첫 출시 당시만 해도 전국에서 올라온 도매상들이 초코파이를 받으려고 서울 용산 오리온 공장에 줄을 설 정도로 인기를 누렸지만 1980년대 들어 유사품들이 쏟아지면서 매출이 곤두박질치기 시작했다. 1983년 246억 원이던 매출이 이듬해에는 172억 원으로 떨어졌고 1987년까지도 예전 수준을 회복하지 못하였다(조선일보, 2006. 5. 10.). 마케팅팀은 1년여 동안 회의에 회의를 거듭한 결과, "가장 한국적인 정서인 '정(情)'을 오리온 상품에 심자."라는 결론을 내렸다. 1989년부터 시작된 초코파이의 '정' 캠페인 광고는 '선생님과 학생', '이사 가는 날', '삼촌 군대 가는 날', '건널목 아저씨', '집배원 아저씨' 등 20여 편의 광고를 선보이며, 현대인이 잊고 지냈던 '정'의 이미지와 감성을 불러일으켰다. '정(情) 마케팅'의 성공에 힘입어 초코파이는 1989년 313억 원이던 매출이 1990년 419억 원으로 그리고 1992년에는 444억 원으로 크게 증가하였다. 중국과 러시아에서도 현지광고로 제작된 '정 시리즈'는 현지생산 시스템과 맞물려 해외매출이 국내매출을 훨씬 상회하는 상황을 발생시키기도 하였다. 오리온그룹 담철곤 회장은 2006년 2월 32돌이 된 초코파이 광고에 직접 출연하여 CM송까지 직접 부르는 애정을 보였다.

[그림 4-4] 정(情)의 감성을 자극하는 초코파이

* 국민과자로 떠오른 초코파이와 담철곤 회장이 직접 출연한 CF

그렇다면 초코파이를 일약 국민과자로 승격시킨 '정'의 정체는 무엇인가. '정'은 오랜 시간을 같이 살아오면서 경험한 것들이 축적된 공통적인 기억에 기반을 둔 감성적 공감대를 의미한다. '정'은 서로 접촉하고 친숙하게 관계를 맺게 되는 공간에서의 밀착을 통해 생성된다.

[표 4-3] 정이 드는 조건

정의 속성	정의 내용 및 성격		정의 구체적 내용 및 표현
역사성 동거성	시간적 공간적	장기간 우리로서 접촉을 경험	오랜 시간으로 형성 반복적 경험으로 형성 많은 이야기를 나눔 동반자적 경험
다정성	인성적	이해와 포용 도와줌	화해의 경험솔직함 나를 이해하고 사랑
역사성 동거성 허물없음	시간적 공간적 관계적	동고동락	어려움을 같이 경험 고민을 같이 경험 운명을 같이 경험
허물없음	관계적	유사성	같은 취미, 같은 처지, 감정 교환, 생각 일치

출처: 최상진(2000). p.62.

이 차원에서 '정'의 대상은 사람만 해당되는 것이 아니라 집·고향산천·동물·물건 등에도 해당된다. '정'은 동고동락이라는 말과 같은 맥락인 것이다. '정'은 상대와 자신의 상호관계적인 경험에서 만들어진다. 혈연·지연·학연과 같은 연고적 측면과 외모 등 신체적 측면 그리고 성격 등 심리적 측면에서 유사성을 보일 때 더 쉽게 밀착되는 경향이 있다. '정'은 오랜 시간 접촉하고 경험하며 이해와 포용 속에 같이 지내는 것에 근거해 발생하며, 이러한 현상을 경험해가고 일정한 관계를 형성하는 것을 '정이 든다'고 표현한다. 초코파이는 이 같은 '정'의 감성을 자극하는 대표적인 과자로 우리는 이미 초코파이에 '정'이 들었는지도 모른다.

친근하지만 고급스러운 한국적 감성의 표출, 코라덕트(Koraduct)

감성트렌드에 성공적으로 대응하는 기업이 되려면 '감지(sensing) 반응형'으로 경영 방식이 바뀌어야 한다. 끊임없이 시장과 기술의 변화를 감지하고 변화의 의미를 분석(analysis)하여 새로운 가치를 만들어 낼 수 있도록 경영 자원을 재설계(re-design)하고 그것을 행동(action)으로 옮기는 구조가 되어야 한다는 의미다. 시장이 끊임없이 변화하는 생명체와 같다면 기업도 변화하는 시장과 기술에 적응해나가는 또 다른 생명체가 되어서 지속적으로 변화하고 적응해나가야 하는 것이다.

미국과 일본 등 세계 여러 나라에서는 이미 감성시대를 예견하고 준비한 기업들이 상당수 존재한다. 예를 들어 일본의 기업 중 완구 및 게임산업의 대기업인 주식회사 '반다이 네트워크'는 기업으로는 세계 최초로 캐릭터 종합연구기관인 '반다이 캐릭터 연구소'를 2000년 5월에 설립하였는데, 이 연구소에서는 현대인의 70%가 캐릭터 상품에서 '위안'과 '평안'을 찾는다는 연구결과를 발표하기도 하였다(宮下眞, 2001 / 2002).

현대인은 이이러니하게도 디지털 시대에 살면서 과거 아날로그 시대로의 회귀를 끊임없이 꿈꾸고 있다. 디지털화가 가져온 인간미의 상실을 그리워하며 과거의 추억과 향수를 되찾고자 하는 것이다. 이러한 이유로 차가운 디지털 시대에도 따뜻한 인간미, 즉 감성을 충전하기 위해 캐릭터를 찾는 것이다. 이처럼 감성시대에 성패는 소비자의 감성을 귀 기울여 감지하고 냉철하게 분석하여 다시금 재설계한 뒤 적극적인 실천에 옮기는 데 달려 있다.

한편, 예술작품을 제품 디자인이나 마케팅에 활용하는 '아트 마케팅'이 뜨고 있는 가운데 '코라덕트(Koraduct · Korean − Art − Product)'가 새롭게 주목을 받고 있는 것도 소비자의 감성만족이 그만큼 중요하기 때문이다. 코라덕트는 한글이나 한국 전통 무늬 또는 한국 작가의 예술 작품을 디자인에 접목한 상품을 뜻한다. 즉 코라덕트는 외국 아티스트 작품이나 서구 스타일의 디자인 대신 한국적인 미와 이미지를 강조한 상품을 말하는 것이다(동아일보, 2007. 3. 21.).

현대적으로 재해석한 한국적인 디자인이 소비자들의 눈길을 끌면서 최근 코라덕트를 내놓는 기업이 늘고 있다. 가구와 인테리어 제품은 물론 전자제품과 신용카드 업계에서도 코라덕트를 잇따라 선보이고 있다. 2006년 말 LG전자가 선보인 휴대전화 '샤인 디자이너스 에디션'에는 패션 디자이너 이상봉 씨가 디자인한 한글 글자체로 윤동주 시인의 '별 헤는 밤' 원문이 씌어 졌다. 당시에는 정보기술(IT)기기에 한글 디자인이 적용된 것은 이례적인 일이었다. 하나카드는 맞벌이 부부나 커플을 대상으로 내놓은 '둘이하나 카드'에 한국화가 육심원 씨의 캐릭터 그림을 적용하기도 하였다. 2007년 말 웅진코웨이는 한복 디자이너 이영희 씨와의 공동 프로젝트 결과물인 독특한 아이디어가 결합된 미래 생활환경가전 디자인을 내놓아 호평을 받은 바 있다.

가구회사 한샘은 지난해 성덕대왕신종을 본떠 당초무늬를 새기고 옻칠 느낌을 살리는 등 전통미를 강조한 부엌가구 브랜드 '키친바흐'를 선보였다. 그리고 LG화학의 인테리어 브랜드 '지인(Z:IN)'도 지난해 김기창 화백의 작품으로 만든 벽타일을 내놓은 데 이어 김환기 화백의 작품을 적용해 신제품을 출시하였다.

이 같이 기업들이 코라덕트에 주목하기 시작한 것은 한국적인 디자인이나 이미지의 가치가 갈수록 커지고 있기 때문이다. 고급스러워 보이던 서구적인 디자인과 영어로 된 이름이 흔해져 소비자들이 식상하게 여기게 되면서, 오히려 흔히 볼 수 없는 한국적 디자인이 희소성을 가지게 되었다. 즉 이제는 한국적 디자인이 '프리미엄'으로 취급받기 시작한 것이다. 현대적으로 재해석된 한국적 디자인이 소비자들에게 신선함과 독장성 그리고 고급스러움으로 비치고 있다. 그리고 한국적

디자인은 한국소비자의 감성구조에 친근함과 편안함을 제공하기도 한
다. 감성사회에서 생존을 위해서는 기업은 물론 개인 역시도 코라덕트
의 사례를 적극적으로 받아들이고 활용할 필요가 있을 것이다.

5. 한류 도약의 조건, 몰입 체험 제공

◎ 몰입 체험의 마법

농업경제, 산업경제, 서비스경제를 거쳐 이제 체험경제의 시대가 성
숙되고 있다. 체험경제에서는 물론 체험마케팅 전략이 중요하다. 체험
마케팅의 전략적 요소로는 감각(sense), 감성(feel), 인지(think), 행동
(act), 관계(relate) 등을 꼽을 수 있는데, 이 같은 요소로 구성된 체험
마케팅은 '지속성'을 갖고 실행되어야 하며 '일관성' 있게 실시되어야
하며, '정교'해야 한다.

체험마케팅을 위해서는 체험이 소비자에게 중요한 경험으로 기억되
어야 한다. 그리고 이를 위해서는 체험이 테마화되어야 하며, 긍정적
신호로 감정과 조화를 이루어야 하고, 체험을 통해 부정적 신호가 제
거되어야 한다. 또한 기념이 될 만한 것에 체험이 혼합하여야 하고,

오감이 최대한 활용될 수 있어야 한다. 그리고 아래 그림과 같이 체험마케팅의 체험은 능동적이며 적극적이며 소비자가 주체적으로 참여할 수 있도록 구성되어야 한다.

[그림 4-6] 체험의 종류

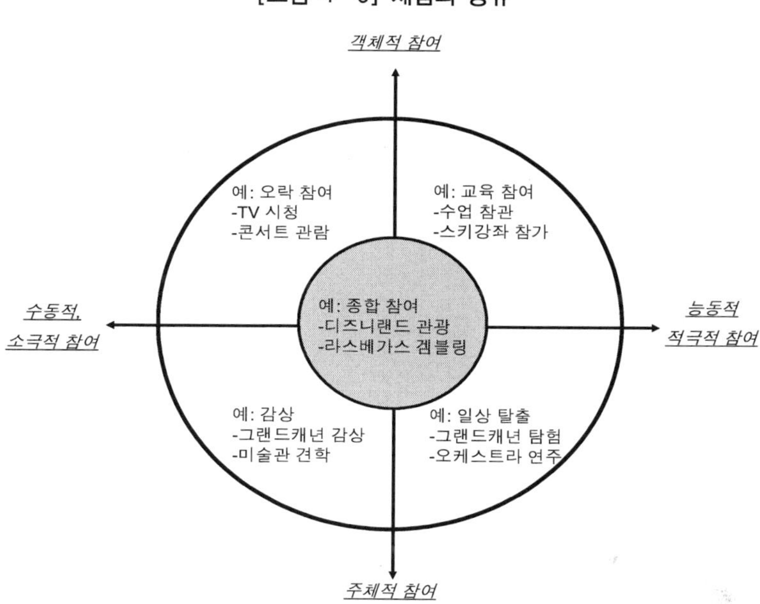

출처: Pine, B. J. & Gilmore, J. H. (1998).

체험은 그 자체가 새로운 상품이 되기도 한다. 기업이 체험을 마케팅의 수단으로만 여기던 시대는 지나가고 있다. 그런데 무엇보다도 체험은 쉽고 재미있는 것이어야 한다. 칙센트 미하이(Mihaly Csikszentmihalyi) 교수는 '플로우(flow)'라는 개념을 통해 개인의 즐거움, 즉 기쁨의 체험을 설명하고 있다. 플로우는 어떤 행위에 몰입(沒入)하고 있을 때 느끼게 되는 포괄적 감각으로 어떤 대상에 집중하고 있을 때 느끼는 즐거움으로 거기에 완전하게 얽매여 그 이외의 다른 것(잡음, 시간의 경과)을 완전히 잊게 될 정도의 상태를 의미한다.

[그림 4-7] 강하고 긴장된 즐거움을 체험하게 하는 플로우(flow)

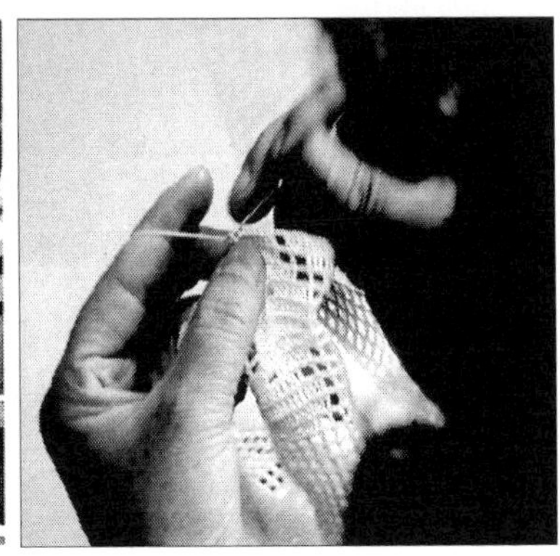

그렇다면 어떠한 상태일 때 플로우가 이루어지는 것일까? 미하이 교수는 '심리적 엔트로피(psychic entropy)'라는 개념을 사용하여 그 구조를 설명하고 있다. 현재의 의지와 상반되는 정보 또는 의지의 수행으로부터 우리를 방해하려는 정보에 의해 의식이 혼란스럽고 집중할 수 없는 상태를 심리적 엔트로피(심리적으로 무질서 상태)라고 한다. 그리고 그 반대의 상태가 '최적 체험, 즉 플로우 체험'이 된다. 의지와 상반되지 않고 의지의 수행이 방해받지 않는 때는 심리적 에너지가 보다 부드럽게 흘러 '기분이 좋다.'라고 하는 긍정적 피드백이 나타나기 때문에 대상에서 제시되는 문제를 보다 잘 처리할 수 있는 상태가 된다. 플로우는 바로 이와 같은 최적의 체험 상태에 있게 될

때 발생한다. 사용자에게 주어진 상황에서 자신이 느끼는 도전의 정도나 양 그리고 도전을 감당할 만한 기술과 능력 등이 균형을 이룰 때 사람들은 대상에 '몰입'하게 되며 강하고 긴장된 즐거움을 체험하는 몰입을 경험하게 된다.

플로우는 상품 및 서비스에도 전적으로 집중하게 만든다. 때문에 콘텐츠 비즈니스는 최적의 체험, 즉 플로우에 목표를 두어야 하며, 따라서 몰입체험을 위한 기획이 요구된다. '플로우'라는 최적의 체험 상태에 있게 되면 자신이 사용하는 콘텐츠에 전적으로 집중하게 된다. 이와 같은 정점의 상황은 흔히 '스위트 스팟(sweet spot)'에 속한다고 설명되기도 한다. 원래 스위트 스팟은 야구 배트나 테니스 라켓 등에서 공을 맞히는 최적지점을 말한다. 그러나 이제는 점점 의미가 확대돼 마케팅에서는 고객과의 친밀감이 극대화되는 순간을 뜻하게 되었다. 예컨대 영화관에서는 감독이 의도한 음향을 가장 가까이 느낄 수 있는 좌석 등을 의미한다. 스위트 스팟에 속하기 위해서는 다음의 네 가지 영역의 특성을 모두 가지고 있어야 한다. 첫째, 엔터테인먼트 체험을 제공해 사용자가 즐거움을 갖고 좀 더 많은 시간을 보내게 하며, 둘째, 게임적인 성격을 제공해 사용자로 하여금 무엇이든 될 수 있다는 자유스러운 기분이 들도록 해야 한다. 그리고 셋째, 교육의 체험을 제공하여 이용자로 하여금 체험을 통해 뭔가를 배울 수 있다는 느낌이 들도록 해야 하며, 넷째, 유용한 정보를 제공함으로써 사용자들에게 유익한 체험이 되도록 해야 한다.

문화콘텐츠 산업에서도 고객의 콘텐츠에 대한 몰입감을 증대시키는 것이 중요한 화두가 되고 있다. 문화콘텐츠산업에서의 몰입의 적극적 활용을 위해서는 케빈 로버츠(Kevin Roberts)가 제시한 '시소모(SiSoMo)'

라는 개념도 눈여겨볼 필요가 있다. 시소모는 스크린 위에서 시각적 요소(sight)와 청각적 요소(sound) 그리고 동적 요소(motion)가 결합하여 강력한 효과를 내는 것을 함축적으로 표현한 단어다. 시각적 요소, 청각적 요소 그리고 동적 요소의 결합은 소통을 유도하는 데 있어 강력한 효과를 지닌다. 사람들은 자극을 좋아한다. 모양과 색에 빠져들며, 음악에 열중한다. 그리고 움직임에 유혹된다. 시소모를 발현하는 콘텐츠는 곧 스위트 스팟이 되고, 몰입을 체험을 제공하는 콘텐츠가 되는 것이다.

[그림 4-8] 스크린을 통해 인간의 감성을 자극하는 시소모

◎ 몰입 체험 강화를 통한 한류의 도약

한류를 활성화하는 전략에서 체험의 중요성이 강조될 필요가 있다. 한국 드라마가 새로운 것은 '순전히 그 포장의 새로움 때문'이라는

지적처럼 새로움 없는 한류는 지속성 없는 시한부로 끝날 것이라는 우려가 적지 않다. 물론 최근에는 드라마 못지않게 무대공연들도 한류의 지속화에 기여하고 있기는 하다. 특히 범문화적 소통이 가능한 넌버벌 바디 콘텐츠(nonverbal body contents)가 한류현상의 새로운 갈래를 형성하고 있다. 스타급 비보이인 '팝핀 현준'을 비롯해 '익스프레션', '라스트 포원' 등 유명 비보이 팀들은 해외에서도 인기스타로 떠오르고 있다. '비보이를 사랑한 발레리나'와 '마리오네트' 등 공연도 연장공연을 요청할 정도로 큰 인기를 누렸다. 한국관광공사에서는 비보이의 국외 마케팅에 전폭적 지원을 결정하고 4~5개의 비보이 공연 작품을 선정해 제작단계부터 참여해 국내보다 국외 공연에 주력할 수 있도록 프로모션까지 지원한다는 계획을 발표했다. 비보이를 공연에 접목해 '난타'와 '점프'를 잇는 한국의 문화상품으로 육성한다는 방침인 것이다.

태권도를 응용한 '점프'는 한국의 전통무예인 태권도와 택견을 중심으로 한 동양무술에 신체의 아름다움을 극대화한 고난이도 아크로바틱과 유쾌한 코미디를 혼합하여 화려하면서도 짜릿한 '마샬아츠(Martial Arts)'를 선보여 호평을 받고 있다. 이 외에도 '두드락', '도깨비 스톰', '비트 앤 위트' 등 인기 공연물들도 해외에서 호평을 받았다. 이 같은 공연콘텐츠들은 한류가 질적으로 성장하는 데 중심적인 역할을 할 것으로 기대된다. 하지만 드라마나 영화 또는 공연콘텐츠 등은 객체적이며 수동적이고 소극적인 체험만을 제공한다. 따라서 한류의 본질적인 성장을 위해서는 한국 문화콘텐츠에 대한 다양한 체험이 어우러질 수 있도록 능동적이고 적극적이며 주체적인 체험이 가능한 형식의 콘텐츠와 프로그램도 개발되어야 할 것이다.

* '비보이를 사랑한 발레리나', '점프' (좌측부터)

이렇듯 몰입 체험의 경험이 상품화되고 있는 추세이다. 몰입은 재미와 즐거움의 감성을 촉발하는 것인데, 감성사회의 가치와 생활의 중심이 즐거운 삶으로 이동해가고 있기 때문에 몰입체험의 상품화가 더욱 가속화되고 있는 것이다. 이제 현대사회는 통제와 규율을 바탕으로 하는 경직된 이성주의를 넘어서 인간의 자율성을 중시하는 문화적 감성주의가 중심이 되는 사회로 옮겨가고 있다. 따라서 몰입을 위한 체험상품 역시 사람과 사회에 대한 이해를 바탕으로 인간의 즐거움이 강조될 수 있도록 기획되고 만들어져야 할 것이다.

제 5 부

감성 경쟁 그리고 관심경제

봉건시대, 산업경제 시대를 지나
관심경제(Attention Economy) 시대가 도래했다.
▶ 경영학 교수 골드하버(Michael H. Goldhaber)

정보는 흔해지고 관심은 귀해진다. 관심시장은
수확체증(increasing returns)의 법칙이 지배하는 시장이다.
▶ 노벨경제학상 수상한 사회학자, 허버트 사이먼(Herbert Simon)

1. 하이컨셉이 새로운 경쟁의 원천

가치와 경쟁력의 원천, 하이컨셉

하이컨셉은 미래의 경쟁원천이다. 일반적으로 기업이 경쟁력을 갖기 위해서는 생산성의 우위를 달성해야 한다. 그리고 낮은 가격을 제공하거나 기술적으로 우월한 제품을 개발함으로써 차별화를 시도할 수도 있다. 예를 들어, 전자산업에서 중국의 후아웨이(Huawei)와 하이얼(Haier), 터키의 아셀릭(Arcelik)과 베스텔(Vestel) 그리고 대만의 혼하이(Hon Hai)와 같은 저원가 기업들은 기본적인 품질을 유지하면서 낮은 가격을 통해 고객 가치를 제고하고 있다. 반면 일본의 소니(Sony)와 마쓰시타(Matsushita), 미국의 GE, HP 그리고 한국의 LG, 삼성과 같은 선도적인 기업들은 품질 및 성능 개선과 기술적 혁신에 기반을 둔 제품과 서비스를 통해 차별적인 지위를 점해왔다. 그러나 하이컨셉은 가치와 경쟁력의 원천을 품질·기능·성능 중심에서 모방이 어렵고 쉽게 범용화되기 힘든 디자인·창의력·스토리 등 컨셉 중심으로 점차 이동시키고 있다.

하이컨셉을 중심으로 한 경쟁상황에서는 고객과의 감성적 교감과 시대를 앞서는 컨셉 창조가 핵심적인 시장 성공 요인이 된다. 마켓세어(Market Share)보다는 마인드 세어(Mind Share)의 확대가, 기술적 혁신보다는 브랜드 정체성 강화가 기업의 경쟁력을 판가름하는 주요한 지표가 될 가능성이 크다. 나아가 새로운 차세대 기술의 개발도 중요하겠지만 기존 기술에 새로운 컨셉을 더해 더 많은 가치를 창조하는 것도 하이컨셉 시대의 새로운 경쟁 방식이 된다.

따라서 전통적 기업들이 과거와 같이 기술과 성능 혁신의 우위에 안주한다면 위험에 처할 가능성이 크다. 기술 혁신의 우위가 '감성과 컨셉 혁신의 우위'에 의해 점차 무력화될 것이기 때문이다. 이러한 측면에서 MP3플레이어 시장이 겪은 어려움은 시사하는 바가 크다. 불과 3~4년 전만 하더라도 한국 기업들은 MP3 시장에서 높은 점유율을 차지했다. 그러나 애플사가 새로운 컨셉으로 무장한 'iTunes-iPod 모델'을 내놓자 시장의 대부분을 빼앗기고 말았다. 철저하게 하이컨셉 전략에 당한 것이다. 또한 전통적 기업들의 경우 하이컨셉을 지향하는 기업들이 증가하면서 하이컨셉 기업과의 경쟁이 얼리어답터 시장과 하이엔드 시장에서 매스 시장으로 확대될 가능성에도 주목해야 한다. 애플의 사업 확장사례에서도 알 수 있듯이 산업간 컨버전스와 제조 아웃소싱 솔루션 기업의 증가 등을 활용하여 하이컨셉 기업들이 사업 범위와 규모를 빠르게 확장할 수 있는 여지가 커지고 있기 때문이다.

그렇다면 감성적 가치와 창의성이 중요해지는 하이컨셉 시대로의 변화에 기업은 어떻게 대응해야 하는가? 일회적이며 단일 제품 차원에 그치는 하이컨셉만으로는 부족하다. 무형적 차별화 요소를 강화하고 지속적으로 하이컨셉을 창출할 수 있는 조직과 시스템을 구축해야 한다. 먼저 전통적 기업들이 간과해 왔던 무형적 차별화 요소를 강화할 필요가 있다. 하이컨셉 기업들의 사례를 비추어 생각해보면 디자인·체험·참여와 같은 역량의 확보와 이를 지속적으로 구현하기 위한 전략이 필요할 것으로 판단된다.

◎ 하이컨셉은 고객이 먼저 알아본다

디자인 측면에서는 자사만의 차별적인 컨셉을 세련되게 구현하여, 디자인을 아우라(Aura)의 수준까지 발전시킬 필요가 있다. 로웬타(Rowenta)와 아마다나(Amadana) 등은 대표적으로 차별적인 디자인 컨셉에 집중하는 전략을 추진하고 있다. 나아가 비앤오(B&O)와 같은 기업에서는 본사가 소비자들의 감성에 어필할 수 있는 창의적이고 세련된 디자인 컨셉만을 제공하고 있다.

고객에게 감성적이고 창의적인 체험을 제공해야 한다. 고객의 습관과 행동을 변화시킬 만한 편리한 서비스와 공감할 수 있는 스토리 등 감성적 체험을 제공하는 전략을 추진하는 것이다. 아마다나는 기존 기업에 비해 제품 다양성과 기술 측면의 우위를 점하고 있지 못하다. 이를 보완하기 위해 아마다나는 디자인 강화와 함께 스토리가 가미된 코믹한 제품 설명서를 제시함으로써 소비자들에게 재미와 즐거움이라는 감성적 체험을 제공하고 있다.

나이기 향후 소비자들의 프로슈머화 경향에 대응해 고객의 감성을 자극하고 공감을 불러일으킬 수 있는 참여형태를 새로운 컨셉으로 활용해야 한다. 고객은 제품의 기획·생산·마케팅의 전 과정에 참여하면서 즐거움을 느끼고, 제품과 기업에 대한 충성도를 강화하게 된다. 크라우드스피릿(CrowdSpirit)과 같은 기업이 이러한 컨셉을 실현할 수 있는 비즈니스 모델을 준비 중에 있다. 또한 일렉트로룩스(Electrolux)와 같은 기존 선도 기업들도 고객 참여의 컨셉을 사업 혁신의 도구로 활용하고 있다.

[그림 5-1] 고객 참여 컨셉을 사업 혁신 도구로 삼은 크라우드스피릿

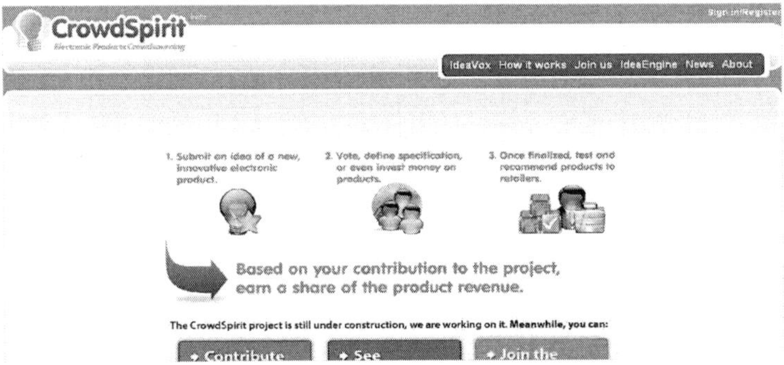

디자인·체험·참여와 같은 차별화 요소는 한 기업 내에서 순차적으로 구현될 수도 있다. 대표적인 하이컨셉 기업인 애플은 1997년 이후 지속적으로 하이컨셉화 전략을 추진해 왔다. 애플은 스티브 잡스(Steven Paul Jobs) 복귀 이후 디자인에 집중하여 iMac과 같은 히트작을 만들었다. 또한 디자인 강화를 지속적으로 추진하면서 2001년에는 디지털 음악 시장을 평정한 'iTunes-iPod'을 출시하였다. 최근에는 iPod뿐 아니라 'Apple TV'에서도 일종의 UCC인 팟캐스팅(Podcasting) 기능을 추가하면서 고객 참여 여지를 증대시키고 있다. 이와 같이 애

플은 단계적으로 애플만의 디자인을 통해 충성도 높은 고객을 확보하고, 혁신적 '음원 판매－청취 체험'을 제공하였으며, 플랫폼 편의성 강화를 통해 고객 참여의 가능성을 증대시키면서 순차적으로 하이컨셉과 관련된 고객 니즈를 충족시키는 데 집중하고 있다.

[그림 5-2] 하이컨셉을 현실화한 애플의 다양한 제품군들

* 아이팟 나노, 아이폰, 맥북 에어(차례대로)

이러한 차별화 요소를 효과적으로 강화하려면 기본적으로 새로운 제품과 사업의 개발과 차별화된 고객 공략을 달성할 수 있는 토대를 구축해야 한다. 이를 위해 제품 기획 및 전략 수립에 있어서 고객이 처한 특수한 상황에 맞게 자사의 제품과 서비스 그리고 고객과의 관계를 재정의 하는 콘텍스트(context) 관련 역량을 강화할 필요가 있다. 콘텍스트는 하이컨셉의 개념 중 관계가 없어 보이는 아이디어를 조합하여 새로운 것을 창출하는 역량과 관련이 깊다. 이종 산업간 컨버전스가 더욱 활성화되면서, 하이컨셉 역량 구축을 위해 과거의 제품과 서비스 단위의 개별적 혁신에 집중해 왔던 시각을 보다 확장시킬 필

요가 있다.

또한 현재의 역량과 조직 형태에 맞는 대기업형 하이컨셉 전략을 추구할 필요도 있다. 하이컨셉 구현에 필요한 역량과 기존 제품을 결합한 새로운 제품 및 서비스의 창출도 가능하다. 디자인에 특화된 새로운 제품 라인업을 구축하거나, 제품 기획과 혁신에 고객 참여를 적극적으로 활용하는 대기업들도 등장하고 있다. 일례로 도시바(Toshiba)는 디자인 가전 아데하카(Atehaca) 브랜드 라인업을 통해 성능 및 기술적인 가치보다는 단순하고 세련된 디자인을 통해 우아함 등의 컨셉을 전달하는 데 집중하고 있다.

하이컨셉 기업과의 협력방안도 기업들이 모색해보아야 할 전략이다. 이미 대만의 혼하이(Hon Hai)는 저원가 생산 공정과 차별적 금형 기술을 활용하여 애플의 하이컨셉 구현의 필수적인 파트너로 자리매김하였다. 또한 부품 / 소재 등에 강점을 가진 일본 기업 중에서 하이컨셉 네트워크의 주요 사업 파트너가 등장하고 있는 현실에 대해서도 주목해야 한다.

2. '관심 경제'에 적응하기

◎ 경제를 읽는 새로운 눈, 관심 경제

후고구려를 세운 궁예는 관심법(觀心法)으로 사람들을 휘둘렀다. KBS
의 사극 <태조 왕건>에서 궁예는 미륵관심법을 이용하여 나라를 다
스렸다. 궁예의 관심법은 미륵보살의 신통력을 체득하여 남의 마음을
알아내는 일종의 독심술이다. 그런데 이런 궁예의 관심법이 오늘날
소비자의 '관심사'를 읽어내는 맥락으로 되살아나고 있다.

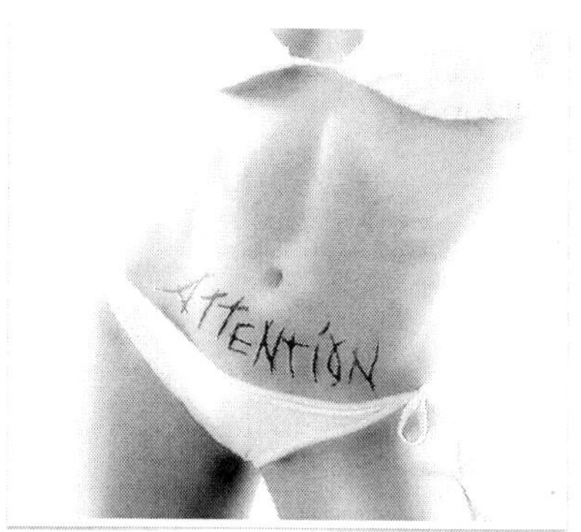

출처: polarblogs.com / andy

기업의 입장에서 소비자의 관심(attention)은 희소성 있는 한정된 자
원이다. 반세기 전만 해도 소비자의 관심은 지금처럼 중요한 것으로

주목받지는 못했다. 왜냐하면 반세기 전의 시장은 소비가 공급을 추월하는 '판매자 주도의 시장(seller's market)'이었기 때문이다. 반세기 전에는 공급되는 상품이 부족했기 때문에 시장의 주도권의 상품을 공급하는 기업에게 있었다. 이 같은 상황에서 소비자의 관심은 크나큰 고려의 대상이 될 수 없었던 것이다. 그러나 오늘날의 시장은 다양한 상품으로 넘쳐나고 있다. 대형마트에 가득 들어찬 상품들이 소비자의 관심을 기다리고 있는 것이다. 이제 시장은 '소비자 주도의 시장(buyer's market)'으로 전환되었다.

이 같은 상황은 비단 제조업에서 생산하는 상품들에만 한정된 것이 아니다. 무형의 상품인 정보상품시장 역시도 소비자 주도 시장으로 변화되고 있다. 물론 과거의 정보상품시장은 판매자 주도 시장이었다. 한 세대 이전만 해도 정보상품의 가격이 그 희소성으로 인해 지금보다 훨씬 비쌌고, 정보상품의 생산과 유통은 소수의 첨단기업들만이 가능했었다. 하지만 현재 운용되고 있는 인터넷 페이지는 20억 개가 넘은 지 오래되었으며, 최고의 검색엔진으로도 찾을 수 없는 정보들이 무수히 많다. 인터넷 트래픽은 100일마다 두 배씩 증가하고 있고, 검색어 입력을 통해 검색된 정보들을 모두 살펴보는 것은 이제 단념해야 할 일이 되어버렸다.

관심경제 관점에서는, 현재는 물론 미래경제에서 갈수록 심화되는 경쟁 중 하나가 소비자의 관심을 놓고 벌이는 경쟁이라고 본다. 수요와 공급 사이의 불균형이 가장 커지는 재화 중 하나가 바로 '관심'이라는 것이다. 골드하버(Goldhaber)는 봉건시대 이후의 역사를 '봉건시대–산업경제 시대–관심경제 시대'로 구분하면서 1980년대 이후 관심경제시대가 도래하였음을 주장하고 있다.

[표 5-1] 관심경제로의 진화

구분	봉건시대 (800 – 1200)	산업경제 시대 (1650 – 1980)	관심경제 시대 (1980 –)
목표(결핍)	충성심, 영지, 안전	물질재, 돈, 직업	다른 사람으로부터의 관심
역할구조	기사, 노예	소유주, 노동자 / 소비자	스타, 팬
동력	전쟁 승리를 통한 노예 획득, 충성맹세 혹은 결혼	생산 조직화, 이익을 내는 판매, 노동, 좋은 가격에 구매	수용자 창조, 관심 집중

출처: Goldhaber, M. H. (1997)

관심경제 시대의 주된 결핍은 바로 관심이다. 따라서 관심경제에서는 스타와 팬이란 역할구조가 형성되며, 관심을 사고파는 경제행위가 부상하게 된다.

관심의 결핍은 몰입이 이루어지지 못하기 때문이다. 사람들은 너무나 많은 이메일과 인스턴트 메신저의 대화 그리고 의미 없는 웹사이트 서핑 등에 자신의 희귀자원인 관심을 대량으로 빼앗기고 있다. 그래서 본인은 매우 분주하고 많은 일을 했다고 생각하며 피곤함을 느끼지만, 사실 몰입한 시간은 별로 없는 현상이 반복된다. 한 조사에 의하면, 주의력 결핍장애의 대표적 치료제인 리탈린(Ritalin)의 생산이 1990년에 비해 9배나 증가했다고 한다. 앞으로 이런 현상은 더욱 증가할 가능성이 있다.

◎ 관심시장의 구조 및 특성

관심은 한정된 재화이기 때문에 모든 사람과 모든 기업이 동일한 양의 관심을 획득할 수 없다. 따라서 스타-팬의 구조가 형성된다. 예를 들어, 연예스타는 관심의 양에 따라 가격이 책정되는 대표적인 '관심재'이다. 이제 기업의 가치도 생산량이나 매출액보다 얼마나 많은 팬을 확보하고 있는가 하는 점이 더 중요한 요소가 되어가고 있다. 기업으로는 '구글'이 그리고 제품으로는 'iPod'가 그 대표적인 사례에 해당된다. 앞으로는 많은 팬을 거느린 일종의 오픈소스 형태의 서비스와 기업들이 그렇지 않은 경쟁사보다 훨씬 높은 가치를 형성하게 될 것이다.

[표 5-2] 관심경제의 구조

봉건시대	산업경제 시대	관심경제 시대
노예들 → 전쟁 승리 → 더 많은 노예들	일 → 수입 → 재화 자본 → 이익 → 더 많은 자본	관심 → 기억 → 더 많은 관심
각각의 노예는 하나의 군주만을 섬김	각각의 노동자는 하나의 고용주에 봉사	각각의 팬은 다양한 스타에 관심

출처: Goldhaber, M. H. (1997).

이제 '관심시장'이 열리고 있다. David & Danny의 인터넷비즈니스 칼럼(2007. 2.)에 따르면, 관심시장은 3가지 유형으로 분류된다. 관심을 보호하는 '관심보호시장', 관심을 대량으로 구매하는 '관심도매시장', 관심을 획득하기 위한 '관심장치시장'이 그것이다. 관심보호시장은 관심이 다른 곳으로 낭비되는 것을 방지하는 시장이다. 대표적으

로 Anti – 스팸 시장이 있다. 이 시장은 이미 상당한 규모이다. 유럽의
Anti – 스팸 시장은 2008년에는 연간 4억 4,700만 유로 상당으로 늘어
날 것으로 전망된다. 미국은 2007년 240억 달러 시장으로 전망하고
있다. 관심도매시장은 관심을 대량으로 구매하는 시장이다. 대표적으
로 광고시장이다. 경매도 있다. 오버추어 등의 광고상품이 이에 해당
될 것이다. 여기서 '도매'라는 개념은 여전히 머릿수만을 세는 단순한
형태를 벗어나지 못하는 광고시장처럼, 하나하나의 관심을 선별하기
보다는 얼마만큼의 시청률, 또는 얼마만큼의 클릭 수, 식의 도매 시장
행태가 지배적이기 때문이다. 마지막으로 관심장치시장이다. 이 시장
은 가장 오래되고 가장 큰 규모의 시장이다. 예로부터 관심을 획득하
기 위한 장치들에 사람들은 많은 돈을 써 왔다. 대표적으로 패션사업,
미용사업이 있다. 물론, 앞으로 더욱더 많은 제조업 제품들이 관심장
치시장에 편입될 것이다.

　David & Danny는 관심시장의 미래 비즈니스로 소비자의 관심을
중개하고, 이익을 소비자와 나누는 관심중개업이 가능할 것으로 전망
하고 있다. 관심중개업자의 비즈니스 역량은 4가지로 구분되는데, 충
실한 사용자의 관심을 획득하는 능력, 거기서 무엇이 신호이고, 무엇
이 노이즈인가를 걸러내는 필터 능력, 철저한 프라이버시 보호 능력,
마지막으로 구매자와의 가격협상 능력이다. 이 중 가장 중요한 것이
충실한 사용자의 관심을 획득하는 능력이다. 충실한 사용자의 관심이
란 강요로, 억지로 만들어진 관심데이터가 아니라, 자발적인 그래서
가치가 높은 관심데이터이다. 가치 있는 관심데이터만 확보할 수 있
다면 나머지 부분은 어떻게든 해결될 가능성이 높다. 이 문제를 해결
하기 위해 '내 관심은 나의 것'이란 각성을 소비자가 하도록 하는 전

략이 필요하다는 것이다.

모든 행동의 전 단계에는 '관심'이 있다. 관심은 신선한 음식처럼 낭비되기 쉬운 자원이다. 하지만 한 번 획득된 관심자원은 완전히 소실되기 어렵다. 관심은 유동적이다. 따라서 쉽게 흘러 다닌다. 관심은 크게 자발적 관심과 강요된 관심으로 나눌 수 있다. 물론 자발적 관심이 더 비싸다. 대부분 시장은 두 가지 차원의 시장으로 구성되는데, 광고주와 소비자의 소비를 조화해내야 하는 목표를 갖는다. 그 조화 과정이 바로 관심이다.

시장의 가장 중요한 법칙은 '관심은 드물다'는 것이다. '관심'은 어느 한쪽에 투입되면 다른 한쪽에 투입될 수 없는 한정된 자원이기 때문에, 관심은 늘 경쟁할 수밖에 없다. '경합성'을 가진다는 말이다. 시장규모가 커질수록 관심은 절대적으로 부족해진다. 희소한 관심은 가치를 창출하는 기본원천이다. 그러나 이는 상대적인 개념이다. 사실 오랫동안 관심은 풍부하게 남아 있었다. 이런 소비자의 관심을 끌기 위해서는 화상전화브랜드 '쇼'처럼 소비자가 호기심을 가질 만한 것을 찾아내야 한다. 일단 소비자가 관심을 갖게 되면, 하나하나의 관심이 커져가면서 가치를 만들어내게 되는 것이다.

3. 감성마케팅만으로는 부족하다

◎ 오른쪽 뇌를 자극하라

인간의 왼쪽 뇌는 논리적이고 이성적인 판단을 하고 오른쪽 뇌는 직관적이고 감성적인 판단을 하는 데 사용된다고 한다. 소비와 관련해서 이성적인 왼쪽 뇌는 가격과 품질 그리고 효용을 합리적으로 검토하게 되고 오른쪽 뇌는 정서적 만족감을 주관한다. 요즘과 같이 비슷한 수준의 품질과 기능 그리고 가격을 지닌 제품들이 경쟁하는 시장 상황에서 소비자는 합리적인 판단을 하기 위해 왼쪽 뇌를 사용할 필요가 적어졌다. 대신 자신의 감성을 만족시키는 소비를 원하며 오른쪽 뇌를 더 빈번히 사용한다. 따라서 기업들에게 '감성마케팅'은 더 이상 선택사항이 아닌 필수적 생존전략 중 하나가 되었다.

[그림 5-3] 좌뇌와 우뇌의 특징과 기능

　감성마케팅은 소비자의 감성취향에 적합한 감각 정보를 제공하여 소비자가 감성적 감동과 만족을 체험하도록 하는 마케팅 전략이다. 감성마케팅의 특징은 감성자극을 통해 소비자의 무의식적 반응을 이끌어내고 이를 매출 증대로 연결한다는 데 있다. 감성마케팅 시대에 고객은 상품의 사용가치와 더불어 그 상품이 제공하는 즐거움·향수·추억·정(情) 등과 같은 감성을 구매한다. 감성마케팅은 최신의 마케팅 전략은 아니다. 벌써 오래전에 제시되었던 전략이며, 실제 마케팅 현장에서도 적용되어 왔다. 하지만 이제 감성마케팅은 마케팅전략의 주류로 급부상하고 있다. 삼성경제연구소의 보고서에 따르면, 삼성전자의 휴대전화 애니콜이 국내시장의 주도권을 장악한 요인은 '기술+감성'이었다. 애니콜은 기술력을 바탕으로 소비자의 감성에 호소하는 마케팅을 전개하였고, 소비자는 그 브랜드에 대해 자기만의 가치를 느끼고 '브랜드 충성도(brand loyalty)'를 계속해서 높여나가게 된 것이다. 최근 초콜릿향이 가득한 아이스크림 가게, 무지개 빛깔의 스파게티, 페퍼민트향과 라벤다향이 은은히 배어 나오는 양복 등이 시장에 출시되고 있는 것도 인간 감성에 호소하는 '감성마케팅' 활동의 차원에서 이해될 수 있다.

　감성 마케팅의 기본은 디자인을 통한 차별화이다. 따라서 디자인의 중요성은 감성의 시대를 맞아 그 중요성이 더욱 부각되고 있다. 또한 제품 디자인은 시각적 디자인에 한정되지 않고 청각적 정보와 촉각정보에 대한 디자인으로까지 확장되고 있다. 맛있는 과일이나 과자의 맛있게 씹히는 소리나 아기 기저귀의 뽀송뽀송한 촉감 등은 시각적 정보 못지않게 소비자를 유혹한다. 최근에는 향기 마케팅과 더불어 음향 마케팅도 부각되고 있다. 그 사례로서 구운 빵 냄새를 미국의 수퍼마켓에 뿌렸더니 수퍼마켓 내의 **빵** 가게에서 매출액이 3배나 증가되었다고 보고되었다. 또한, 영화관 로비의 팝콘향기는 극장 매점의 팝콘 판매량을 증가시킨다. 아이스크림 전문매장인 '베스킨라빈스'의 경우, 향기 마케팅을 도입한 후 평균 1일 매상이 40% 증가하였다고 분석되고 있다. 한편 음향 마케팅은 음악의 멜로디나 리듬에 따라 사람들의 기분이 달라지고 마음이 움직인다는 점에 기반하고 있다. 와인을 판매하는 매장의 경우 클래식 음악을 사용하였을 때 가격이 비싼 고급 와인이 더 많이 팔리고, 식당의 경우에도 느린 템포의 음악을 배경음악으로 할 때 식사시간이 길어지며 음료수의 주문이 늘었다고 한다. 패스트푸드점에서는 **빠른** 템포의 음악이 많이 사용되는데, **빠른** 템포의 음악이 음식을 빨리 씹게 만들어 짧은 시간 내에 식사를 마치도록 유도하는 것이다. 감성마케팅전략의 중요성이 강조되면서 쇼핑공간에서도 향기와 음향 등 자극을 활용하는 전략을 통해 더 많은 구매와 재방문 의도를 불러일으킬 뿐만 아니라 제품에 대한 호감도도 향상시키고 있는 것이다.

감성마케팅에 대한 오해

감성마케팅이 중요한 마케팅 전략 중 하나로 대두되고 있다. 하지만 감성마케팅이 중요하게 부각되는 만큼 이에 대한 오해도 증가하고 있다. 가장 큰 오해는 감성마케팅이 비즈니스의 성공을 보장할 것이라는 생각이다. 하지만 감성마케팅만으로는 비즈니스가 성공할 수 없다. 감성마케팅이 중요하지만 그것만으로 비즈니스가 좌우되는 것은 아니다. 즉 감성에 소구하는 것만큼이나 상품의 품질도 중요하다. 감성마케팅이 비즈니스의 성공으로 이어지기 위해서는 상품의 품질을 높이는 것이 필요하다. 1990년대 유명 할리우드 스타들의 투자로 문을 연 음식점 '플래닛 할리우드(Planet Holywood)'를 기억하는 사람이 적지 않을 것이다. 할리우드를 테마로 한 플래닛 할리우드는 브루스 윌리스, 아놀드 슈왈제네거, 실베스타 스텔론 등 쟁쟁한 스타들이 대거 투자하며 개점 당시 화제를 불러일으켰다. 그러나 이 떠들썩한 브랜드는 10년이 채 안 되어 도산하고 말았다. 화려한 인테리어와 음식점 내에서 접할 수 있는 독특한 경험 등 감성적 요소들은 충분히 제공되었지만 문제는 음식의 중요성에 대한 간과였다. 음식점은 무엇보다 음식 맛이 중요하다는 평범한 공식을 무시하며 '플래닛 할리우드'는 음식 광고를 하지 않았다. 핵심 경쟁력을 확보하지 못한 음식점은 호기심을 가진 고객을 한 번은 끌어올 수는 있어도 단골 고객을 만들 수는 없었다.

마케팅 전문가들은 흔히 상품의 서비스나 품질이 동일한 상태에서 고객의 감성을 겨냥한 감성마케팅은 큰 효과가 있다고 말한다. 즉 감성마케팅은 품질과 서비스가 동일하다는 전제를 바탕으로 하고 있다. 따라서 이 전제를 무시한 채 기본적인 품질과 서비스조차 만족시키지 못하면서 감성적인 호소만으로 고객을 사로잡겠다는 것은 매우 위험한 발상이 될 수 있다. 품질·서비스·가격은 고객이 기대하는 기본적인 요소이고, 기본적인 것은 언제나 마땅히 충족되어야 할 전제 조건이 되기 때문이다. 아름다운 포장으로 고객의 눈을 끌 수는 있지만 그것만으로 지속적인 관계를 유지할 수는 없다.

감성마케팅에 대한 또 다른 오해는 제품의 특성에 상관없이 소비자의 감성은 무차별적일 것이라는 생각이다. 하지만 일반적으로 소비자는 제품의 특성에 따라서 구매 결정 시 고려하는 정도가 달라진다. 특히 고가의 제품을 구매할 때 저가의 제품보다 더 많은 것을 고려하는데 이처럼 어떤 제품이 한 개인에게 부여하는 의미의 정도를 '제품 관여도'라고 한다. 감성적인 면에 있어서는 개인의 요구가 훨씬 다양하기 때문에 관여도뿐만 아니라 관여의 포인트를 이해하는 것이 훨씬 중요해진다. 그럴듯한 감성을 전달한다 할지라도 고객이 해당 제품으로부터 기대하는 감성이 아니라면 소용없다. 향수 브랜드에 남성적인 브랜드의 대명사인 '할리 데이비슨'의 감성은 별로 도움이 되지 않는다. 감성의 관여도를 잘못 이해한 실패 사례는 다양하다. 세 개의 면도날로 성능을 입증받은 '질레트'는 성공제품 '마하 쓰리'의 업그레이드 버전으로 푸른 면도날의 마하 쓰리를 선보였다가 참패했다. 색깔이 감성 전달의 중요한 도구임에는 분명하나 면도날에 있어서 색깔은 품질에서건 감성에서건 중요한 요소가 아니었기 때문이다. 감성을 전하기에 앞서 해당 제품에서 고객이 중요하게 생각하는 감성을 알아야 한다. 나오미 캠벨, 크리스티 털링턴, 클라우디아 쉬퍼, 엘르 맥퍼슨 등 유명 모델들이 투자해 런던과 뉴욕에 본점을 둔 레스토랑 '패션 카페'가 있다. 그러나 '플래닛 할리우드'와 비슷하게 '패션 카페'도 금방 실패했다. 바싹 마른 모델과 패션은 식욕을 돋게 하는 감성이 아니었던 것이다. 감성적인 마케팅이 성공하기 위해서는 전달하고자 하는 감성이 '독특한 판매시점(unique selling point)' 또는 '소구점(appealing point)'과 일치하여야 한다.

이 밖에 기억되는 감성은 매출에 기여할 것이라는 오해도 존재한다. 하지만 광고에서는 대단히 성공하고 유행어까지 만들었지만 정작 소비자들이 그 제품의 이름을 기억하지 못하는 사례가 많다. 광고는 예술이 아니기에 제작자가 광고시상식에서 상을 받았다 하더라도 매출 상승에 기여하지 못한다면 의미가 없다. 광고주들은 광고 홍수 속에서 사람들의 눈길을 끌기 위해서 더 자극적이고 공격적인 메시지를 내보낸다. 그러나 이들이 알아야 할 사실이 있다. 설사 자극적인 광고를 통해 제품의 인지도가 높아졌다 할지라도 많이 알려진 제품이 되는 것과 사랑받는 제품이 되는 것은 다르다는 것이다.

베네통의 광고는 사회적으로 논란의 여지가 있는 소재들을 사용하는 것으로 유명하다. 이러한 광고 중 일부는 화제를 만들며 베네통이라는 이름을 사람들의 입에 오르내리게 하는 데 기여했다. 그러나 실제 사형수를 모델로 한 광고처럼 구체적인 메시지나 대안이 없는 지나치게 자극적인 광고는 종종 사람들의 반발을 사기도 했다. 사형수

광고로 인한 파장은 미국 거대 유통채널 '시어스(Sears)'가 자사의 체인에 있는 40여 개의 베네통 매장을 철수하게 할 정도였다. 반면 뉴욕의 의류 브랜드 '케네스 콜'은 비슷한 컨셉으로 사회적 주제를 광고의 소재로 활용하지만 정반대의 효과를 거둔 바 있다. 무엇이 이러한 차이를 만들었을까? 우선 케네스 콜은 사형제도를 주제로 한 광고에서도 자극적인 시각효과를 지양했다. 대신 "매년 처형 직전에 무죄가 밝혀지는 사형수들이 있다면 그렇지 못한 사람들은 얼마나 될까요?"와 같은 완곡한 어법으로 토론을 유도해 긍정적인 반향을 불러일으켰다. 또한 케네스 콜은 언제나 해당 메시지를 자사의 제품이나 패션과 연관시킨다. "무엇을 입는가보다 무엇을 아느냐가 중요합니다."와 같은 문구처럼 자아에 대해 강조하고 있는 듯하면서도 '입는 것 – 패션'에 대한 언급도 빠뜨리지 않는다. 대부분의 감정은 소비하는 동안 발생함에도 불구하고 감성 광고의 경우 소비 중의 느낌을 목표로 하지 않는 경우가 많다. 따라서 종종 감성의 전달에만 머무르고 제품의 인기에는 도움이 되지 않는 경우가 발생하는 것이다. 감성 마케팅의 목표는 감성 전달 그 자체가 아니라 소비의 증진임을 명심해야 한다.

감성만으로 고객과의 관계 형성이 이루어지는 것이라는 오해도 있다. 따라서 감성을 주 소구 포인트로 전달하고자 하는 노력들이 사방에서 이루어지고 있다. 감성이 마지막 차별화의 포인트라고 생각하기 때문이다. 패션이나 화장품과 같이 원래 감성적 가치에 소구하는 제품들뿐 아니라 건축이나 자동차처럼 딱딱하고 기능적인 제품에서도 마찬가지다. 그러나 감성적 가치를 통해 포지셔닝하려는 많은 제품들 중에서 우리의 기억 속에 일대일로 연결될 만한 독특한 감성 포인트를 가지고 있는 제품은 별로 많지 않은 것이 사실이다.

　　최근 각 건설회사의 아파트 광고를 살펴보자. 당대 최고의 여배우들이 화려한 드레스를 입고 등장해 천편일률적인 메시지를 전달한다. ‘여자’, ‘살고 싶은 아파트’, ‘웰빙’ 등 핵심 키워드는 동일하다. 광고를 접하는 고객들 가운데 과연 얼마나 되는 사람들이 각각의 광고로부터 감성적 차이를 느낄지 의문이다. 모든 시장이 비슷비슷한 감성을 전달하는 상황에서도 감성이 여전히 차별화의 포인트가 되기 어렵다. 객관적인 비교가 가능한 가격이나 기능보다도 감성은 차별화하기가 훨씬 힘들다. 그렇기 때문에 확실한 메시지를 전달하지 못한다면 모두 비슷비슷한 것으로 묻히기 쉽다. 또한 차별적인 감성 포인트를 잡았다 해도 그 가치가 고객들에게 제품의 이미지로 전달되기까지는 오랜 관계와 노력이 필요하다. 그러나 똑같은 감성은 제품에 특별함을 줄 수 없다. 식상해진 감성을 전달하는 것보다는 차라리 정공법을 택하는 편이 더욱 신선하게 다가올 수도 있다. 신문에 “왜 이 맥주가 맛있는가”를 설명해 성공한 일본의 ‘수퍼 드라이 맥주’처럼 말이다.

　　고객의 감성을 만족시킨다는 것은 직관적이고 감각적인 예술이 아니다. 오히려 고객의 복잡한 감성적 욕구를 체계적으로 분석하고 접근해야 하는 상당히 논리적이고 이성적인 작업이 요구된다. 따라서 감성 마케팅의 시대에도 이성적인 마케팅의 공식들은 유효하다. 다만 감성이라는 마감재로 기존의 것을 더욱더 가치 있게 만들 수 있기에 우리는 감성에 주목해야 하는 것이다.

4. 시장점유율이 아닌 시간점유율이 관건이다

나이키(Nike)의 경쟁자는 '닌텐도 DS'이다. 스포츠용품 업체인 나이키가 기존 경쟁업체인 리복·푸마·아디다스 외에 새로운 경쟁상대로 일본의 게임업체인 닌텐도를 지목했다. 뭔가 이상하지 않는가? 스포츠용품 업체가 자신들의 경쟁상대로 게임업체를 지목하다니.

동종업계 내에서의 경쟁뿐만 아니라 타 업종과의 경쟁 또한 치열해지고 있다. 이른바 업종 간 경계가 허물어지고 용해되는 '액체사회(Liquid Society)'로의 진화가 이루어지고 있기 때문이다(신한 FSB 리뷰, 07. 06.). 지금까지의 기성세대들은 부모로부터 용돈을 받으면 주로 신발이나 스포츠 용품을 구입해 왔는데, 이제는 게임기나 게임용 소프트웨어를 산다. 이는 스포츠업계와 게임업체 중 누가 고객의 시간을 더 많이 차지하는가를 놓고 경쟁하는 것이다. 이 때문에 나이키는 이제 닌테도와 시장점유율(Market Share)을 중심으로 싸움을 해야 하는 것이 아니라 시간점유율(Time Share)에 대한 싸움을 하게 되었다. 그동안 주로 같은 업종 안에서 치열하게 펼쳐졌던 시장점유율 경쟁이, 업종 간의 장벽이 붕괴되고 두 업종이 한데 용해되어 있는 시장환경(액체사회)에서 점차 고객의 시간점유율 경쟁으로 바뀌기 시작한다는 것에 주목할 필요가 있다.

'싸이월드'의 경쟁상대는 '카트라이더'이며, 보험사나 여행사의 새로운 경쟁자는 인터넷쇼핑몰과 같은 온라인 e-마켓시장일 수 있다. 방송사의 경쟁자는 이동통신업체이다. 이처럼 어느 쪽이 고객의 시간과 신뢰를 더 많이 차지할지를 놓고 이종업체들 간에 치열한 경쟁을 벌이고 있다. 이에 이제 기업은 동종 업계 내에서 라이벌과 싸우기보다는 고객과 사귀기 위해 더 많은 시간과 비용을 할애해야 한다. 제품이나 서비스 개발만큼이나 소비시장 자체를 키우고 개발하는 것 또한 중요한 업무가 되었다. '신한FSB연구소'는 시간점유율 제고를 위한 성공 6계명을 다음과 같이 제시하고 있다(신한FSB연구소, 2006b).

[표 5-3] 시간점유율 제고를 위한 성공 6계명

1. **고객들은 당신의 시장점유율 싸움에 별 관심이 없다.**
   우리의 상품과 서비스가 고객의 시간을 유용하게 해줄 수 없다면 고객은 언제든지 다른 브랜드에 탐닉할 자세가 되어 있다.

2. **신규 고객보다 기존 고객의 시간점유율을 더 중시하다.**
   고객의 시간까지 디자인해줄 수 있다면 기존 고객은 더 많은 시간을 우리의 브랜드 소비에 할애할 것이다.

3. **고객의 시간을 철저히 분해한 다음 타임스케줄 시트를 구성하라.**
   고객의 공적 기념일, 사적 기념일, 개인 혹은 커뮤니티의 행사 등 다양한 시간, 요일, 날짜 등을 집중적으로 공략해야 한다.

4. **많은 노출보다는 시의적절한 커뮤니케이션이 필요하다.**
   무작정 끼어들기는 고객의 짜증을 유발한다.

5. **정황마케팅이 대세다.**
   개인고객의 상황별 커뮤니케이션이 필요하다.

6. **시간점유율은 결국 신뢰점유율로 통한다.**
   브랜드에 대한 신뢰는 시간을 절약하면서도 안심하게 구매할 수 있는 밑바탕이 된다.

　이제는 시대가 변화하는 만큼 경쟁의 환경과 질 그리고 구도가 모두 변화하였고, 이에 따라 기업들의 경쟁의 차원에 대한 관점도 변화하고 있다. 기업들에게는 시장점유율만큼 중요한 것이 바로 시간점유율인 것이다.

제 *6* 부

미래 경쟁전략 및 생존조건

디자인하라. 아니면 사직하라(Design or Resign).
▸ 영국 수상 마가렛 대처(Margaret Hilda Thatcher)

디테일이 가장 중요하다(God is in the details).
▸ 20세기 현대건축을 대표하는 독일 건축가
  루드비히 미즈 반 데어 로헤(Ludwig Mies van de Rohe)

1. 새로운 소비코드에 주목하라

소비트렌드의 새로운 변화

소비자의 니즈는 더욱 복잡하고 다양해지고 있다. 변화하는 소비자를 감지하고 그들의 니즈를 경쟁사보다 앞서 충족시키는 것이 비즈니스 성공의 지름길이다. 최근의 소비트렌드에 대해 박정현(2005)은 다음과 같이 다섯 가지 특징을 제시하며 설명하고 있다. 첫째는 스마트(smart) 소비의 보편화이다. 인터넷 등 시장과 상품에 대한 정보를 획득할 수 있는 수단이 증가하면서 소비자들은 더욱 꼼꼼하게 비교하고 분석하는 현명한 소비를 하고 있다. 둘째, 감성소비의 증가이다. 소비자들은 기능은 물론 감성을 자극하는 상품에도 지갑을 열고 있다. 셋째, 주체적이고 능동적인 소비이다. 소비자들은 상품을 생산하는 기업에 대해 다양한 요구사항과 아이디어를 적극적으로 제안하는 등 생산과정에 참여하는 수준이 높아졌다. 넷째, 편리함의 강조이다. 바쁘고 복잡한 세상에서 소비자는 간편하고 쉽게 소비하고 싶어 한다. 그리고 마지막 다섯째, 자기표현 욕구의 증가이다. 소비자들은 이제 소비를 통해 자신의 개성을 표출하고 싶어 한다.

[그림 6-1] 소비트렌드의 변화와 기업의 대응방안

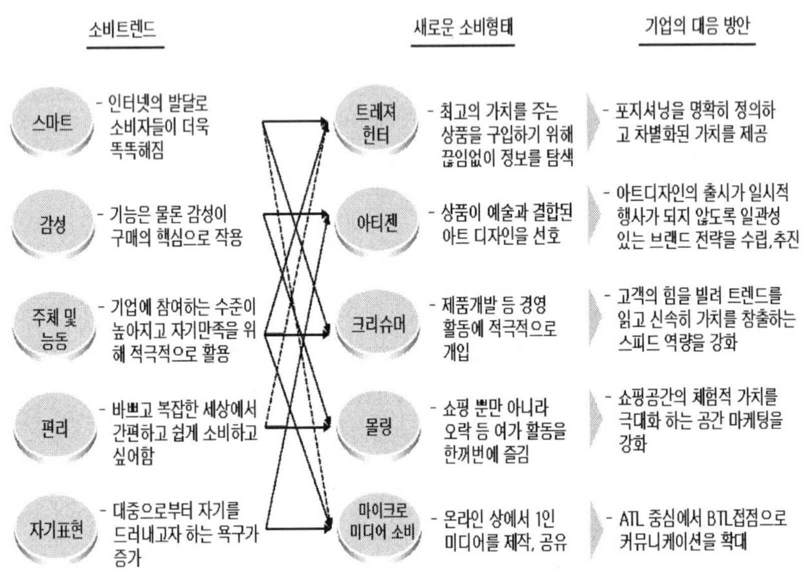

　　이러한 소비트렌드는 실제 소비과정에서 복합적으로 작용하면서 다양한 소비행태를 창출한다. 이 같은 소비행태 역시 다음의 몇 가지 성향으로 유형화할 수 있다. 첫째, '트레져 헌터(Treasure Hunter)성향'의 대두이다. 트레져 헌터 성향은 최고의 상품을 위해 보물찾기를 하는 성향을 의미한다. 트레져 헌터 성향을 지닌 소비자는 가격 대비 최고의 가치를 주는 상품을 구입하기 위해 끊임없이 정보를 탐색한다. 수많은 상품들이 존재하는 온라인 시장에서 소비자들은 다양한 쇼핑 경로와 자신만의 쇼핑 노하우를 통해 어딘가에 숨어 있는 최적

의 상품, 즉 보물을 찾기 위해 노력하는 것이다. 따라서 트레져 헌터 성향의 소비자는 기업이 일방적으로 전달하는 광고 메시지에만 전적으로 의존하지 않는다. 직접 상품 정보를 습득하고 품질을 꼼꼼히 확인하려고 한다. 가격 비교 사이트에서 가격을 철저히 비교하고, 리뷰 사이트에서 구매자들이 쓴 다양한 사용 후기를 읽어본 후 구매 여부를 신중하게 결정한다. 예컨대 '디시인사이드(dcinside.com)'는 디지털 카메라에 대한 전문가 수준의 정보를 소비자들이 직접 제공하고 있는데, 하루 평균 방문자가 80만 명에 이를 정도로 인기를 끌고 있다.

둘째, '아티젠(Arty Generation)' 성향의 등장이다. 아티젠 성향은 예술을 담은 상품을 추구하는 성향이다. 아티젠 성향의 소비자들은 상품에 예술이 결합된 아트 디자인을 선호한다. 또한 이들은 단순히 세련되고 예쁜 디자인 수준을 넘어 디자이너 또는 예술가가 주는 고유의 디자인과 퍼스낼러티(personality)를 중시한다.

셋째, '크리슈머(Cresumer)'의 등장이다. 크리슈머는 '창조적 소비자(Creative+Consumer)'를 의미한다. 그들은 단순히 고객 모니터링 또는 단발성 이벤트에 수동적으로 참여하는 것을 넘어 기업의 제품개발·디자인·판매 등에 적극적으로 개입한다. 크리슈머의 경영 참여는 소비자와 기업과의 직접적인 커뮤니케이션을 통한 쌍방향 마케팅 전략의 일환이 되기도 한다. 또한 크리슈머의 부상은 기업이 경영에 필요한 정보와 아이디어를 소비자로부터 직접 구하는 추세가 늘고 있음을 시사한다. 최근 '크라우드 소싱(crowd sourcing)'이라는 새로운 트렌드가 형성되고 있는 것도 이와 밀접하다. 크라우드 소싱은 인터넷을 통해 크리슈머의 아이디어를 얻고 이를 경영 활동에 반영하는 것이다.

넷째, '몰링(malling)' 성향의 등장이다. 몰링 성향은 쇼핑과 여가를 동시에 추구하는 성향을 의미한다. 몰링 성향의 소비자들은 대형 복합 쇼핑몰에서 쇼핑뿐 아니라 오락 등 다양한 여가 활동을 함께 즐긴다. 즉 오락과 소비를 동시적으로 행하는 것이다. 서울 삼성동의 코엑스몰은 몰링 성향의 소비자에게는 이상적인 공간이 된다. 가족 또는 연인과 함께 쇼핑과 외식 그리고 영화관람 등 여가를 동시에 즐기려는 몰링족들이 이곳에서 시간을 보낸다. 해외에서도 몰링은 보편적 소비 패턴으로 자리잡고 있다. 몰링을 추구하는 소비자들이 늘어나는 이유는 원스탑(one-stop)과 엔터테인먼트에 대한 니즈가 커지고 있기 때문이기도 하다. 이에 따라 먹고, 체험하며 즐길 수 있는 복합문화공간이 급부상하고 있다.

다섯째, '마이크로 미디어(micro-media)' 성향의 대두이다. 마이크로 미디어 성향은 네티즌들이 온라인상에서 1인 미디어인 UCC, 블로그, 미니홈피 등을 제작하고 이를 공유하는 것을 의미한다. 마이크로 미디어 성향의 소비자들은 상품 생산 기업에 의해 일방적으로 업데이트되는 정보와 콘텐츠를 수동적으로 소비하지 않는다. 자신들의 마이크로 미디어를 통해 상품을 분석하고 평가한 정보를 글은 물론 사진과 동영상 등을 이용해 제시하고 공유한다. 웹2.0 등 인터넷의 진화에 힘입어 마이크로 미디어 성향은 크게 늘고 있는 상황이다.

이 같은 소비자들의 소비행태는 4P(Product, Price, Place, Promotion)를 중심으로 한 기업의 전통적 마케팅 활동에 변화를 촉진하고 있다. 소비자들은 제품 개발에 직·간접으로 관여하기 원하며, 기업이 제시한 가격에 순순히 지갑을 열지 않는다. 또한 소비자 스스로가 만든 미디어를 이용해 상품과 시장 그리고 소비에 관한 정보를 공유한다. 따라서 정보의 유통이 가속화되고 기업과 소비자 사이의 정보의 비대

칭 문제도 개선되고 있다. 기업이 대규모 광고와 판촉 활동 등을 통해 유행을 창조하고 시장을 조성해가는 시대는 과거가 되어가고 있다. 소비자와의 긴밀한 연계를 통한 쌍방향 마케팅 활동이 더욱 절실해지고 있는 시점이다.

2. 오감 브랜딩 전략이 필요하다

코카콜라 병에 숨겨진 브랜딩 전략

오감 브랜딩은 시각·청각·촉각·후각·미각 등 인간의 신체 감각을 통해 브랜드를 경험하도록 하는 감성마케팅 활동이다. 오감 브랜딩은 인간의 오감을 자극함으로써 사람들로 하여금 브랜드에 대해 호감을 갖게 하고, 더 나아가 사람들과 브랜드와의 관계를 긴밀하게 만든다(박정현, 2007). 최근 성공적인 기업들은 오감 브랜딩을 적극 활용하고 있다. 마케팅 전문가 마틴 린드스트롬(Lindstrom, M.)은 그의 저서 <Brand Sense>에서 오감 브랜딩의 세계를 개척하는 기업들의 현황을 소개하고 있다. 마틴 린드스트롬의 연구 결과에 따르면 포춘 선정 100대 브랜드들의 35%가 5년 안에 오감 브랜딩을 적극 활용할 계획이라고 한다. 글로벌 기업들이 단일 감각을 넘어 오감의 복합적 활용을 위해 많은 투자를 하고 있다. 산업별로 보면 자동차를 선두로 엔터테인먼트 · IT · 통신 · 운송 · 소비재 기업들의 오감 브랜딩 활동이 가속화되고 있다.

코카콜라의 병은 오감브랜딩의 대표적 성공사례로 자주 언급된다. 글로벌 브랜드 가치 평가 기관인 '브랜드 파이낸스(BF)'사가 발표한 자료에 따르면 코카콜라의 브랜드 가치는 40조 원이 넘는다고 한다. 그리고 이 가치 가운데 코카콜라 '병(용기)'의 가치는 최소한 4조 원이 넘을 것이라는 게 업계의 추산이다. 코카콜라의 병은 단순한 유리병을 넘어 코카콜라 브랜드를 대변하는 아이콘이기 때문이다. 코카콜라 병은 어떻게 탄생하게 되었을까? 1915년 코카콜라 사장이었던 캔들러는 루트 글라스사의 용기 디자이너 얼딘에게 '어둠 속에서 손으로 만져만 보고도 코카콜라임을 확신할 수 있는 병'을 만들어달라고 요청했다. 코카콜라 병은 멋진 외양은 기본이고, 손끝으로 느껴지는 독특한 촉감이 있어야 한다는 주문이었다. 이러한 노력 덕택인지 곡선미를 강조한 매끈한 모양의 코카콜라 병이 전달하는 촉감은 오늘에도 사람들에게 강하게 인식되고 있다.

싱가포르 항공사 역시 오감 브랜딩의 성공 사례로 손꼽힌다. 싱가포르 항공사는 세계 최고 항공사라는 명성을 십수 년 동안 유지하고 있다. 이러한 성공에는 무엇보다도 오감 브랜딩이 큰 기여를 했다. 싱가포르 항공사는 기내에서 매력적인 향기가 나는 것으로 유명하다. 싱가포르 항공사는 자신만의 향기를 만들기 위해 유명 향수 업체의 도움을 얻어 '스테판 플로리안 워터스'를 직접 기획 · 제작하였다. 싱가포르 항공을 이용한 사람들은 누구나 '스테판 플로리안 워터스'의 독특한 향기에 대한 좋은 추억을 가지게 된다고 한다. 자동차 기업들은 오감 브랜딩의 개척자로서 많은 노력을 하고 있다. BMW의 'i-Drive 다이얼'은 촉감기술이 집약된 대표적 사례다. 운전하면서 손가락 근육과 촉감만으로 700여 가지의 기능을 조정할 수 있다. 또한 자동차 기업들은 사람들이 새 차를 샀을 때 맡을 수 있는 새 차 냄새를 더욱 매력적으로 만들기 위해 힘쓰고 있다. 휴대폰 기업들도 고객들의 오감을 공략하고 있다. 컬러와 소리(MP3, 벨소리)를 넘어 이제는 촉각·후각·미각까지도 자극하고 있다. 최근 휴대폰 산업에서 오감 융합 트렌드가 가속화되고 있다. 얼마 전 LG전자가 명품 브랜드인 '프라다'와 손잡고 선보인 '프라다폰'은 촉감을 강조하는 터치스크린 방식으로서 국내외에서 많은 주목을 받고 있다. 프라다폰은 그동안 '꾹꾹' 누르는 휴대폰에서 '톡톡' 치는 휴대폰으로 새로운 촉감의 변화상을 보여주는 제품이다. 또한 '초콜릿폰' 역시 벨소리가 울리면 라벤다 향이 나는 제품으로 인기를 끌었다.

[그림 6-2] 오감 브랜딩 성공사례

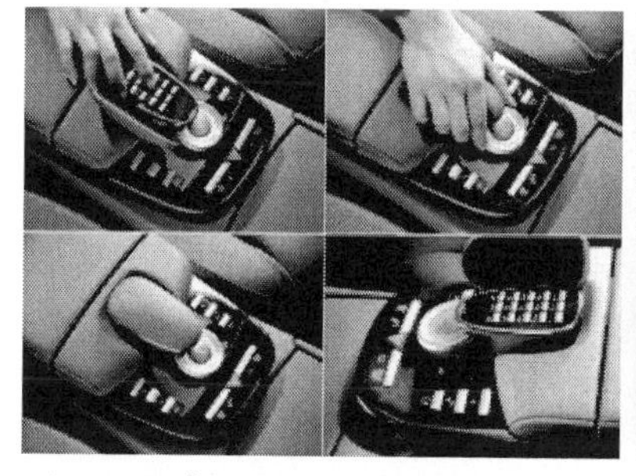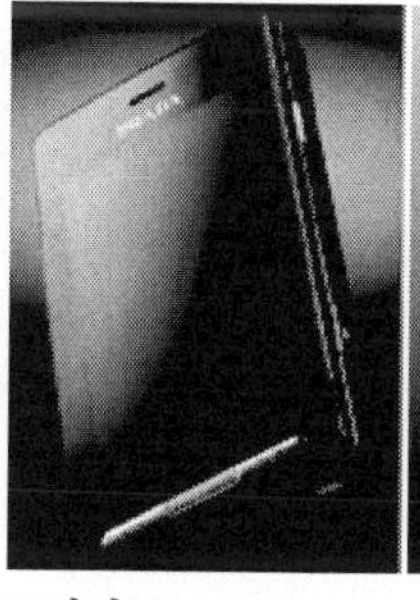

* BMW의 'i-Drive 다이얼', LG전자 '프라다폰'

　이와 같이 오감 브랜딩이 주목받는 이유는 무엇일까? 그 이유는 다음과 같이 정리될 수 있다(박정현, 2007). 첫째, 오감 브랜딩은 감성 소비자들의 의사결정에 강력한 영향을 미친다. 이제 소비자들의 제품 선택은 보고, 듣고, 만지고, 냄새 맡고, 맛을 느끼는 감각적인 느낌에 크게 좌우되고 있다. 둘째, 오감 브랜딩은 브랜드 충성도 및 가치 제고에 도움이 된다. 마케팅 전문가인 마틴 린드스트롬의 연구 결과에 따르면 기업이 시각·청각·촉각·후각·미각등 오감을 활용할수록 브랜드 결속과 소비자들이 인식하는 브랜드 가치는 더욱 증가한다고 한다. 사람들은 제품을 보는 것보다 냄새 맡고 직접 만지는 것을 더 좋아하고, 이러한 경우 제품에 대한 호감도 더 커진다. 셋째, 오감 브랜딩은 경쟁사들이 모방할 수 없는 독특한 정체성 형성에 기여한다. 오감 브랜딩의 감각 요소는 경쟁 상품이 넘쳐나는 시장에서 자사 브랜드를 차별화하는 데 많은 도움이 된다. 예컨대 할리 데이비슨의 엔진 소리는 자유와 낭만을 상징하는 것으로서 경쟁사들이 흉내 낼 수 없는 브랜드 고유의 특성이 되었다.

　과거에는 많은 기업들이 다양한 감각을 활용하지 않고 시각 또는 청각 위주의 브랜딩 활동을 주로 수행하였다. 그 원인은 여러 가지가 있겠지만, 그중에서 가장 큰 요인은 그동안 기업들의 브랜드 커뮤니케이션 활동이 TV 등 매스 미디어 중심의 광고 활동에 집중되었기 때문이다. 또한 마케팅에서의 혁신 활동이 제품 성능 및 디자인 개선 등에 치우침에 따라 상대적으로 촉각·후각·미각 등을 활용하고자 하는 동기가 크지 않았다. 하지만 인터넷이 등장하고 고객이 직접 느끼는 감성 품질이 마케팅에 있어서 중요한 요인이 됨에 따라 시각과 청각 중심의 브랜딩 활동만으로는 고객을 유인하기가 어려워지고 있다. 소비자의 구매 요인이 제품의 기능 중심에서 감성 중심으로 이동함에 따라 오감 브랜딩의 중요성이 과거보다 더욱 부각되고 있는 것이다. 오감이야말로 소비자들로 하여금 브랜드를 이해하고 호감을 갖게 만드는 설득의 힘을 가지고 있다.

◎ 오감 브랜딩 실행전략

그렇다면 오감 브랜딩을 효과적으로 실행하기 위한 방안은 무엇일까? 박정현(2007)은 오감 브랜딩의 성공적인 전략을 다음과 같이 정리하고 있다.

첫째, 고객의 잠재된 오감 욕구를 발견하라. 오감 브랜드를 구축하기 위해서는 무엇보다도 제품에 대하여 고객들이 가지고 있는 오감 욕구가 무엇인지 간파하고 이를 충족시켜야 한다. 특히 고객들의 입으로 표현되지 않고 지금까지 충족되지 않은 오감 욕구를 간파하기 위해 노력해야 한다. 기업이 고객들의 오감에 대한 욕구를 간파하기 위해서는 다양한 마케팅 조사를 수행할 필요가 있는데, 소비자의 감성과 체험이 중시되면서 정성적 조사의 필요성이 커지고 있다. 소비자 조사 방법론의 권위자인 하버드 경영대 잘트먼(Zaltman, G.) 교수는 인간의 사고는 95%가 무의식중에 일어나며 나머지 5%조차도 언어로써 표현될 수 없는 경향이 많다고 한다. 따라서 기업은 표적집단면접법(FGI), 래더링(Laddering) 테스트, 참여 관찰법 등을 적극 활용할 필요가 있다. 멀티플렉스 영화관 CGV는 고객들이 영화 관람 도중에 갑갑함을 느끼지 않기 위한 방안을 찾기 위해 고심하였다고 한다.

다양한 연령대의 고객들을 대상으로 한 심층 조사를 통해 CGV는 그 해답을 향기에서 찾을 수 있었다. 이에 따라 전국 상영관에서 편백나무향을 이용한 산림욕 공조 시스템을 운영하게 되었다. 밀폐된 공간에서 오는 갑갑함을 극복하기 위해 심신에 좋은 향기를 뿌려주는 것이다. 일본의 혼다자동차는 40여 년 전부터 자동차 소리 전담 연구소를 운영하고 있다. 연구소에는 음향 기술자와 상품 디자이너, 심리학자 등까지 포함되는데, 그들은 문 닫는 소리, 엔진 소리 등 다양한 측면에서 최적의 소리를 찾기 위해 투자를 아끼지 않고 있다.

둘째, 기술에 오감을 입혀라. 첨단 기술이 인간의 오감을 최대한 담을 수 있도록 해야 한다. 이제는 단순한 첨단 기술을 넘어 기술에 인간의 감성을 융합한 휴먼테크놀로지의 구현이 더욱 중요해지고 있다. 탁월한 성능을 위주로 한 기능적 품질만으로는 더 이상 고객을 유인하기가 어렵게 되었다. 그보다는 고객이 오감으로 느끼는 감성 품질이 구매와 고객 만족을 좌우하고 있다. 최근 IT기업과 음향기기 기업 등 다양한 기업들이 고객의 손끝을 만족시키기 위해 촉감 기술에 관심을 기울이고 있는 것도 이러한 맥락에서 이해할 수 있다. 촉감 등 오감을 접목한 기술은 첨단 디지털 기기와 인간의 감성이 융합된 디지로그 시장을 선도하고 있다. 애플컴퓨터는 첨단 기술에 시각과 미각을 결합하여 성공한 사례다. 애플은 블루베리·포도·라임·귤·딸기의 다섯 가지 컬러를 아이맥 컴퓨터 디자인에 적용하였다. 딱딱한 데스크탑 환경에 반투명한 젤리처럼 먹고 싶은 컬러를 이용하여 많은 인기를 얻었다. 더불어 "먹고, 갖고 싶다."라는 광고 문구를 사용해 소비자의 구매 욕구를 더욱 자극하였다.

셋째, 자신만의 감각을 트레이드 마크화하라. 성공적인 오감 브랜드들은 고객의 마음속에 제품 고유의 감각을 새기고 있다. 'OO 브랜드 하면 떠오르는 감각'을 보유하고 있는 것이다. 기업들은 고객이 자사의 브랜드를 연상할 때 떠올리고 싶은 감각을 정하고, 이를 고객들이 명확하게 인식할 수 있도록 노력해야 한다. 고객에게 각인된 감각은 브랜드 인지도를 높이고, 브랜드 커뮤니케이션 활동의 비용 대비 효과를 높이는 데 기여한다. 사운드 로고의 대명사인 인텔은 90년대 초반부터 IBM 등 컴퓨터 제조업체들과 공동으로 광고 캠페인을 추진하고 있다. 인텔은 눈에 보이지 않는 인텔칩의 존재를 어떤 방식으로 알릴까 고심하였다. 소리와 비주얼이 중요한 TV광고 등에서 인텔 인사이드 로고만으로는 충분하지 않았다. 이때 나온 것이 그 유명한 다섯 톤의 멜로디인 인텔의 사운드 로고다. 특유의 경쾌한 톤으로 널리 알려진 인텔의 사운드 로고는 인텔을 일반 소비자들에 각인시키는 일등 공신이 되었다. 기업은 브랜드가 전하고자 하는 감각 메시지를 지속적으로 전달함으로써 소비자들의 무의식 속에 브랜드가 각인이 되도록 해야 한다. 오랜 시간 동안 브랜드를 매개로 한 기업과 소비자

의 지속적인 상호작용이 반드시 필요하다. 이때 광고와 프로모션 등 고객 커뮤니케이션 활동의 일관성은 매우 중요하다. 커뮤니케이션의 일관성은 해당 브랜드의 이미지가 흐려지지 않도록 하고, 일관된 컨셉으로 캠페인을 전개함으로써 어느 경쟁사도 따라올 수 없는 브랜드 파워를 만들 수 있도록 도와준다.

넷째, 통일된 감각 경험을 제공하라. 오감 브랜딩의 효과를 극대화하기 위해서는 고객과 브랜드가 만나는 감각 접점들이 일관성을 유지하고 상호 통일성을 이루도록 해야 한다. 예컨대 A 매장과 B 매장에서 각각 느꼈던 감각 경험들이 동일해야만 브랜드가 추구하는 감각 경험이 고객에게 제대로 전달되고 있음을 평가할 수 있다. 기업은 제품 차원뿐만 아니라 고객과의 커뮤니케이션이 일어나는 다양한 접점에서 감각 경험을 일원화시켜야 한다. 따라서 오감 브랜딩이 제품 개발, 패키지 등 제품 차원으로 한정되었다면 보다 적극적으로 확장할 필요가 있다. 광고와 PR 등 브랜드 커뮤니케이션 요소와의 접목은 물론 점포 분위기와 운송기기 등 유통 과정까지 포함시켜 접근해야 할 것이다.

스타벅스는 고객들이 커피를 맛뿐만 아니라 오감 전체로 즐겨야 한다는 철학을 가지고 있다. 이를 위해 스타벅스는 고객들의 감각에 호소하는 소리·향기·서체·컬러·맛 등을 선정하고 전 세계 매장에 이와 관련된 매뉴얼을 배포해 감각의 통일성을 달성하고자 노력한다. 예컨대 스타벅스 매장에서 들리는 음악은 모두 미국 본사 계열의 스타벅스 엔터테인먼트 운영 음반 제작 및 유통사인 '히어뮤직(Hear Music)'에서 선곡해 배포한 것이다. 매달 한 차례 히어뮤직에서 제작한 100여 곡이 담긴 CD 2~3장이 전 세계 9,000여 개 매장에 공급된다. 이

CD 중에는 비틀스의 멤버였던 폴 매카트니의 신곡과 같은 희소한 아이템들도 포함된다. 한 번 배포된 CD는 1년 이상 사용할 수 없도록 정해져 있다고 한다. 이러한 전략의 핵심은 고객에게 항상 새로운 음악을 들려줘 매장에 들어서는 순간 신선한 느낌을 주고, 편안한 분위기에서 커피를 마실 수 있게 하는 것이다. 고객들은 스타벅스 커피를 접하는 전 세계 어디서나 동일한 감각 경험을 할 수 있는 것이다.

[표 6-1] 오감브랜딩의 효과적 실행 방안

1. 고객의 잠재된 오감 욕구를 발견하라.
특히 고객들의 입으로 표현되지 않고 지금까지 충족되지 않은 오감 욕구를 간파하기 위해 노력해야 한다.

2. 기술에 오감을 입혀라.
첨단 기술에 인간의 감성을 융합한 휴먼테크놀로지에 오감을 최대한 담을 수 있도록 해야 한다.

3. 자신만의 감각을 트레이드 마크화하라.
고객이 자사의 브랜드를 연상할 때 떠올리고 싶은 감각을 정하고, 이를 고객들이 명확하게 인식할 수 있도록 노력해야 한다.

4. 통일된 감각 경험을 제공하라.
오감 브랜딩의 효과를 극대화하기 위해서는 고객과 브랜드가 만나는 감각 접점들이 일관성을 유지하고 상호 통일성을 이루도록 해야 한다.

오감 브랜딩은 인간의 감각을 자극하는 감성 마케팅 활동이다. 기업들이 오감 브랜딩을 활용할 경우 조심해야 할 점이 있다. 바로 감각의 지나친 사용이다. 사람들이 대화를 나눌 때 큰 소리를 내는 것보다 속삭이는 것이 더욱 매력적일 수 있는 것처럼, 오감 브랜딩에서의 감각 활용도 적당한 수준을 유지해야 할 것이다. 또한 시각·청각과는 달리 촉각·후각 ·미각은 개인마다 느끼는 정도가 다르기 때문에 실제 활용에 있어 주의를 기울여야 할 것이다.

3. 고객경험을 분석하고 관리하라

◎ 고객경험 분석하기

치열한 경쟁이 가속화되는 비즈니스 현실을 고려할 때 특별한 경험을 고객에게 제공하여 고객가치를 창출하는 일은 쉬운 일이 아니다. 고객에게 가치 있는 경험을 제공하기 위해서는 우선, 도대체 우리 제품에 대해 고객들이 어떤 경험을 하고 있는지를 면밀하게 들여다볼 필요가 있다. 시발점은 고객이 우리를 직접적으로 경험하는 바로 그 장소에서 출발한다.

고객이 경험하는 장소에서 그 과정을 단위별로 쪼개보는 것은 고객경험을 잘 들여다볼 수 있는 하나의 방법이다. 미국·유럽·아시아 등에 있는 고객 관리 전문 회사인 'GCCRM'은 스타벅스 매장에 고객이 들어갈 때부터 커피를 마시고 나올 때까지의 과정을 20개의 고객경험 단위로 해부하였다. '고객 경험 지도(Customer Experience Map)'

라 부르는 이 지도에는 고객의 세부적인 경험 단위별로 고객들이 어떻게 느끼는지가 자세히 그려져 있다. 고객의 총체적 경험의 합은 그것들의 단순 합이 아니라 곱이기 때문에 하나라도 부정적인 경험이 있으면 전체적인 합은 제로가 될 수 있다. 이런 고객 경험 지도를 통해 부정적인 경험이 발생하는 접점을 파악하여 고객 경험을 관리하는 방법으로 사용할 수도 있다.

[그림 6-4] 고객경험지도: One Starbucks visit in China(스타벅스매장)

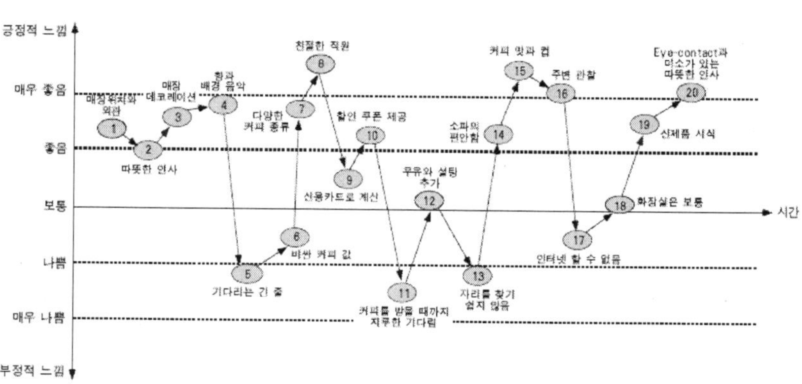

출처: 황혜정 (2007).

고객의 경험 세계를 정확히 분석하기 위해서는 다음과 같은 방법들을 활용할 수 있다(황혜정, 2007). 첫째, 타깃 고객을 규정한다. 타깃 고객을 정확히 규정하는 것은 고객의 경험 세계를 분석하는 첫 번째 단계다. 고객의 유형에 따라 경험의 종류도 달라진다. 제품을 구입한 사람이 누구인지, 얼마나 자주 사용하는 사람인지, 관여도는 어느 정도 있는지 등에 따라 경험의 종류가 달라진다.

둘째, 고객 경험 세계를 분류한다. 고객 경험 세계는 단순히 우리 브랜드에서 얻는 경험에만 국한시키기보다는 사회문화적 배경이나 비즈니스 환경과 관련된 광범위한 범위까지 포함되어야 한다. 고객 경험 세계를 브랜드에서 얻는 경험, 제품군에서 얻는 경험, 브랜드를 사용하고 소비하는 상태에서 얻는 경험, 사회 문화적 배경 혹은 비즈니스 환경과 관련된 광범위한 범위의 경험까지 체계적으로 분류하고 체계화한다.

셋째, 고객 접점을 따라 경험을 추적한다. 접점을 따라 경험을 추적하는 것은 고객 경험을 잘 이해할 수 있는 가장 중요한 과정이다. 제품을 인식하여 구입하고 사용한 뒤 버릴 때까지 고객과 회사 사이에 존재하는 모든 고객 접점을 따라서 전체 고객 경험을 추적한다.

오늘날에는 과거 그 어느 때보다 제품과 서비스가 넘쳐난다. 기술의 발전은 그 유례를 찾아볼 수 없을 정도로 빠르게 진행되고 있고 고객의 기대 수준은 지속적으로 높아지고 있다. 하지만 고객들의 기대 수준은 높아진 반면에 현재의 제품 및 서비스에 대한 만족도는 기대 수준에 미치지 못하는 경우가 많다. 기업에 대한 충성도가 높은 고객을 만들기 위해서는 만족을 넘어 정서적인 유대감을 갖게 하여야 한다. 정서적인 유대감을 만들어주는 연결 고리를 우리는 경험에서 찾을 수 있다. 20세기 건축에 있어 가장 완벽한 현대 건축가로 인정받고 있는 독일의 '루드비히 미즈 반 데어 로헤(Ludwig Mies van de Rohe)'는 "디테일이 가장 중요하다(God is in the details)."라고 하였다. 고객이 제품을 경험하는 한 순간 한 순간을 소중히 해야 하는 것이다.

[표 6-2] '고객경험' 분석방법

1. 타깃 고객을 규정한다.
   타깃 고객의 유형에 따라 경험의 종류도 달라진다. 제품을 구입한 사람이 누구인지, 얼마나 자주 사용하는 사람인지, 관여도는 어느 정도 있는지 등에 따라 경험의 종류가 달라진다.

2. 고객 경험 세계를 분류한다.
   고객 경험 세계를 단순히 자사 브랜드에서 얻는 경험에만 국한시키기보다는 사회문화적 배경이나 비즈니스 환경과 관련된 광범위한 범위까지 포함하여야 한다.

3. 고객 접점을 따라 경험을 추적한다.
   제품을 인식하여 구입하고 사용한 뒤 버릴 때까지 고객과 회사 사이에 존재하는 모든 고객 접점을 따라서 전체 고객 경험을 추적한다.

◎ 고객경험 관리하기

우리의 고객은 과연 누구인가? 무엇 때문에 우리의 제품과 서비스를 구입하는가? 고객들은 무엇을 불편해하고 있는가? 이러한 본질적인 물음에 명쾌한 해답을 내리는 기업은 많지 않는데, '고객경험관리(Customer Experience Management)'는 그 답을 파악할 수 있게 한다. 고객경험관리는 제품이나 서비스에 대한 고객의 경험을 체계적으로 관리하는 프로세스를 의미한다. 즉 기업이 고객의 제품 탐색에서 구매와 사용 단계에 이르기까지 모든 과정에 대한 분석 및 개선을 통해 긍정적인 고객 경험을 창출하는 것이다(박정현, 2006).

고객경험관리는 결국 접점(touch point)관리다. 고객은 TV·인터넷·매장·친구 등 수많은 접점을 통해 기업의 제품이나 서비스를 경험하게 된다. 이처럼 다양한 접점에서 느끼는 경험은 해당 기업이나 브랜드에 대한 로열티를 만들기도 하고 파괴하기도 한다. 따라서 고객경험관리의 핵심은 고객이 중요하게 생각하는 접점에서 기업과 고객이 긴밀한 유대관계를 맺는 방법을 마련하는 것이다.

고객경험관리는 기업이 알고 있는 고객정보에 주목하는 '고객관계관리(Customer Relation Management)'와 달리 기업에 대한 고객의 주관적인 생각을 잡아내는 것이다. 또한 판매(거래) 이후의 고객정보를 취득하는 고객관계관리와 달리 고객경험관리는 고객이 기업과 접하는 순간의 반응과 감정을 포착하는 것이다.

[표 6-3] 고객관계관리와 고객경험관리

구분	고객관계관리	고객경험관리
정보의 대상	기업이 고객에 대해 아는 것을 파악, 활용	고객이 기업에 대해 생각하는 바를 파악, 활용
시기	고객과의 거래 이후 수집	고객접점에서 정보 수집
방법	판매시점에 수집된 데이터와 시장분석, 판매자료 분석	관측, 타깃그룹 조사 등의 고객의견 청취 및 연구
정보 활용자	효과적인 업무수행을 위한 고객접점 부서(영업, 마케팅, 서비스부서)	고객의 경험증진을 통해 사업의 성과를 높이기 위한 경영진 및 각 기능 리더
미래실적과 연관성	소비자 정보파악을 통한 교차판매 증대로서 현재에 기반을 둔 미래실적 확대를 유도하는 후발적 역할(lagging)	고객기대와 실제 경험의 차이를 좁혀 미래실적을 이끌어내는 선도적 역할(leading)

출처: 신한FSB연구소 (2007c).

최근 고객경험관리가 각광을 받는 이유는 다음과 같이 설명되고 있다(박정현, 2006). 첫째, 고객들의 경험 소비에 대한 욕구가 더욱 커지고 있다. 고객은 더 이상 제품의 특징이나 편익만으로 돈을 지불하려고 하지 않는다. 그들은 브랜드가 제공하는 독특한 생활양식과 제품을 사용하면서 얻는 총체적인 경험을 더 중요하게 생각한다. 예컨대 스타벅스 커피는 일반 커피에 비해 몇 배나 비싸지만, 사람들은 스타벅스가 제공하는 커피 한잔의 경험을 사기 위해 기꺼이 지갑을 열고 있다.

둘째, '경험의 질(Quality of Experience)'이 기업의 성과를 좌우하고 있다. 최근 많은 기업들은 제품과 서비스 차원이 아닌 경험을 판매하고자 노력한다. 이제는 단순히 경험을 판매한다는 것만으로 차별화하기는 어려워지고 있다. 경쟁사보다 품질이 우수하고 차별화된 경험을 제공해야만 고객의 로열티를 높일 수 있다. 따라서 경험의 질을 높이기 위한 기업의 활동이 요구되고 있는 것이다. 예컨대 인터넷 검색업체인 구글의 CEO인 에릭 슈미츠는 "우리의 뛰어난 실적은 사용자 경험의 질을 획기적으로 개선한 결과"라고 강조한 바 있다. 구글은 야후나 라이코스 등 경쟁사의 검색 환경을 면밀히 분석한 후, 페이지 랭크 기술을 획기적으로 개선하여 고객들이 보다 빠르고 정확한 검색을 할 수 있도록 하였다.

셋째, 고객관계관리의 보완적 수단으로서 고객경험관리의 활용도가 매우 높다는 것이다. 사실 요즘 많은 기업들이 활용하고 있는 고객관계관리 역시 고객 경험에 기반을 둔 마케팅 기법이다. 데이터베이스 상에 기록된 고객들의 구매이력 등을 통해 최적의 고객 경험을 제공하고자 하는 것이다. 예컨대 금융기관들은 고객관계관리를 바탕으로 우량 고객의 생일에 뮤지컬 공연 초대권 등을 보내는 등 타깃 마케팅을 통해 고객의 로열티를 높이고 있다. 하지만 축적한 고객 정보가 생각만큼 활용도가 높지 않다는 평가도 있다. 실제로 2002년 미국 NCDM(National Center for Database Marketing)의 자료에 따르면, 고객관계관리를 채택한 기업들의 약 62%가 그 효과에 대해 만족하지 못하고 있다고 한다. 이러한 이유로 인해 많이 기업들이 고객의 경험 사이클을 면밀히 파헤치고자 하는 욕구가 커지고 있다.

◎ 소비사슬 분석으로 고객의 소비경험 파악

'소비사슬'이라는 단어를 접해본 일이 있는가? 아마 경영과 관련된 업무를 전문으로 하는 사람이 아니라면 소비사슬은 생소한 단어일 수 있다. 하지만 소비사슬은 기업에게는 무척 중요한 개념이다. 그리고 소비사슬 개념은 비즈니스뿐만 아니라 종교나 정치 또는 남녀관계 등 보다 다양한 분야에 응용할 수 있다. 소비사슬이란, 소비자가 그들의 욕구를 충족하기 위해 행하는 일련의 '연결된 행위들의 고리'이다. 이러한 소비사슬은 기업이나 브랜드에 대해 가지게 되는 소비자의 '총체적인 경험'의 기본을 형성하게 된다. 고객은 기업이나 브랜드를 부분적으로 쪼개어 평가 또는 경험하는 것이 아니라, 마치 하나의 미술 작품을 보듯이 '전체'로 각인한다.

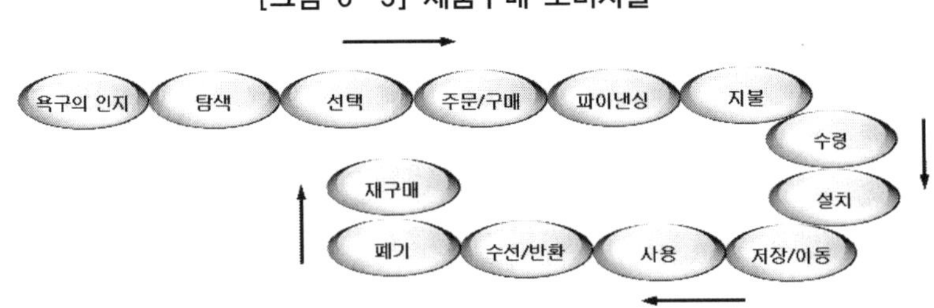

[그림 6-5] 제품구매 소비사슬

출처: 신한FSB연구소 (2007a).

소비사슬을 분석하면 고객의 제품 및 서비스 소비행위를 좀 더 구체적으로 파악하고 이해할 수 있다. 고객의 소비사슬을 기반으로 획기적 성공을 이끄는 전략들을 제시하면 다음과 같다(신한FSB연구소, 2007a). 첫째, 소비사슬을 재구축하라. 기존 사슬에 내재한 문제를 파악하여 이를 새로운 사슬로 대체함으로써 고객에게 이전과는 다르게 극적으로 변화된 경험을 제공함으로써 새로운 시장기회를 창출할 수 있다. 둘째, 디지털화를 통해 소비사슬의 각 연결고리를 합치거나 대체하라. 디지털 기술 도입을 통해 고객 간의 비즈니스 방식을 변화시킴으로써 시장 성장의 기회를 얻을 수 있다. 셋째, 기존 소비사슬 상의 일부 단계를 좀더 스마트하게 만들라. 인식, 반응, 호환성, 또는 상황 구체성과 같은 인텔리전트한 속성을 부가함으로써 제품이나 브랜드의 가치를 높이고 경쟁력을 제고할 수 있다. 넷째, 소비사슬에서 나타나는 시간 지연요소를 제거하라. 대부분의 소비자들은 시간을 절약해주는 것이라면 가격이 조금 비싸더라도 감수한다. 다섯째, 기존의 소비사슬에 존재하는 결정적 순간을 독점하라. 소비사슬에 존재하는 결정적인 매출기회를 밝혀내고 이를 누구보다도 먼저 장악할 수만 있다면 경쟁에서 승리하는 것은 쉬워질 수 있다. 이 결정적 순간을 이용하는 방법은 영향력 있는 고객을 활용하는 방법과 소비자가 습관적으로 행위하는 가운데서 문제를 각성시키고 이에 대한 해결책을 제시하는 방법이 있다.

[표 6-4] 고객의 '소비사슬'에 기반을 둔 성공전략

1. 소비사슬을 재구축하라.
2. 디지털화를 통해 소비사슬의 각 연결고리를 합치거나 대체하라.
3. 기존 소비사슬 상의 일부 단계를 좀 더 스마트하게 만들라.
4. 소비사슬에서 나타나는 시간 지연요소를 제거하라.
5. 기존의 소비사슬에 존재하는 결정적 순간을 독점하라.

고객경험관리의 매뉴얼

이 같이 '고객경험관리'는 소비자의 경험이 중요한 가치로 부상하면서 다양한 산업영역으로 확산되고 있다. 그렇다면 성공적인 '고객경험관리'를 위해서는 어떠한 전략이 요구되는 것일까? '고객경험관리'의 성공전략을 박정현(2006)은 다음과 같이 제시하였다. 첫째, 고객의 경험 과정을 해부해야 한다. 기업이 고객경험관리를 수행하기 위해서는 무엇보다도 고객의 경험 세계를 철저하게 이해해야 한다. 고객이 과연 어떠한 경험 사이클을 가지고 있는지 정확하게 알지 못한다면 고객가치를 제고할 수 있는 기회조차 얻을 수 없는 것이다. 고객의 경험 세계는 크게 3가지 차원으로 구분할 수 있다. 먼저, 제품과 서비스 자체다. 고객은 제품과 서비스를 탐색, 구매, 사용하는 모든 단계에서 브랜드를 경험한다. 다음으로, 커뮤니케이션이다. 고객은 브랜드가 제공하는 수많은 커뮤니케이션 채널과 접하고 있다. 예컨대 온라인 홈페이지, TV광고, 길거리 판촉 등 다양한 접점에서 고객은 브랜드를 경험한다. 마지막으로, 사람이다. 고객은 기업의 임직원·매장점원·친구·기타 주변 사람 등 다양한 사람들을 통해 브랜드를 경험한다. 기업은 이러한 경험의 3차원을 바탕으로 구매 전 과정에서 고객 접점을 파악하여 타깃 고객의 경험 요소들을 명확히 정의해야 한다. 영국의 '버진 애틀랜틱 항공사'는 고객들의 비행 경험을 분석함으로써 브랜드 가치를 높인 대표적인 사례다. CEO인 리처드 브랜슨은 부임 이후 경영 시스템을 대폭 정비하고자 했다. 이를 위해 고객 경험을 분석하였는데, 그 결과 항공기 예약에서 실제 비행까지 총 50여 단계로 나눌 수 있었다. 특히 긴 비행시간으로 인한 따분함이 문제가 되었는데 이를 개선하기 위해 기내에 쌍방향 오락 시스템, 마사지 등 엔터테인먼트 요인을 보강하여 인기를 얻었다. 또한, 일등석이 없지만 비즈니스 클래스 요금대의 어퍼클래스(Upper Class)에서는 타 항공사의 퍼스트 클래스급 대우를 받을 수 있었다.

둘째, 차별적 경험을 디자인해야 한다. 기업이 고객의 경험 세계를 정확히 분석하였다면 경쟁사 대비 차별화된 경험을 창조해야 한다. 이를 위해서는 경험의 3가지 차원에서 고객 접점별로 고객의 기대와 실제 경험과의 차이를 파악하여 만족, 불만족 요인들을 간파한 후 경험의 우선순위를 매겨야 한다. 마지막으로 우선순위를 바탕으로 독특한 판매 경험의 조합을 구성해야 한다. 도너츠 업체인 '크리스피 크림'은 독특한 '도너츠 경험'을 통해 시장에서 대단한 성공을 거두고 있다. 크리스피 크림은 던킨 도너츠 등 경쟁사와는 다른 특별한 가치를 제공하기 위해 고객 경험을 분석하였다. 그 결과 고객들은 도너츠의 새로운 맛뿐만 아니라 즐거운 구경거리에 대한 니즈가 매우 크다는 것을 알 수 있었다. 또한 제조 과정의 위생 상태에 대해서도 불만을 가지고 있다는 것을 간파하였다. 이에 따라 크리스피 크림은 '달콤한 도너츠', '도너츠 체험' 그리고 '즐거운 기다림'이라는 독특한 판매 경험을 디자인하였다. 먼저 '달콤한 도너츠'의 경험을 위해 '크리스피 크림'은 프랑스 요리사로부터 사들인 제조 비법을 응용해 '오리지널 글레이즈드'라는 맛있는 도너츠를 만들었다. 또한 '도너츠 체험'을 위해 고객들이 매장에서 제작 과정을 직접 볼 수 있도록 함으로써 도너츠에 대한 생생한 경험을 제공하고 위생에 대한 우려를 해소하였다. '크리스피 크림'은 '즐거운 기다림'을 위한 새로운 경험도 창조하였다. 매장 바깥에 'Hot Doughnuts Now(갓 나온 뜨거운 도너츠 판매)' 불빛이 켜지면 바로 그때 도너츠가 제조되고 있음을 의미하기 때문에 고객은 기다리는 즐거움을 맛볼 수 있다. 또한 크리스피 크림은 고객들이 매장에서 기다리는 동안 지루하지 않도록 도너츠를 무료로 주는 것으로 유명하다. 이러한 무료 샘플 전략은 자연스럽게 입소문이 퍼지는 데 결정적인 역할을 했다.

[그림 6-6] 다른 업체와는 차별화된 경험을 제공한 크리스피 크림

* 크리스피의 트레이드마크인 네온사인과 달콤한 경험을 제공하는 '오리지널 글레이즈드'

셋째, 고객의 피드백을 반영해야 한다. 소비자의 참여 욕구가 더욱 거세지고 있다. 생산적 소비자를 일컫는 프로슈머(Prosumer)를 넘어, 최근에는 창조적 소비자인 크리슈머(Cresumer: R&D, 생산 및 유통 등 기업의 프로세스 전 과정에 적극적으로 참여하는 소비자)라는 신조어가 생겨나는 것도 이러한 맥락이다. 기업은 고객의 의견과 경험에 대한 평가를 적극적으로 반영해야 한다. 고객을 참여시킴으로써 독특한 판매 경험에 대한 실효성과 매력도를 증대시켜야 한다. 기업은 고객 피드백을 적극적으로 반영하여 그들의 공감대를 이끌어낼 수 있다. 실제로 나이키는 운동선수들을 신발 개발에 참여시킴으로써 '승

리'의 경험 가치를 극대화하고 있다. 나이키는 이러한 신발 개발 과정을 '알파 프로젝트'라고 부른다. 알파 프로젝트는 다음과 같은 순서로 진행된다. 먼저 패션 디자이너, 인체 공학 전문가 등으로 구성된 알파 프로젝트 팀은 호나우두(축구), 타이거 우즈(골프), 앤드리 애거시(테니스) 등 각 종목을 대표하는 최고의 선수들을 직접 만나 경기 중 진정으로 필요한 것이 무엇인지 파악한다. 다음으로 선수들이 필요로 하는 것을 구현하기 위한 가장 효과적인 재료는 무엇인지 연구하며, 그들의 영감을 바탕으로 신발을 디자인한다. 그리고 마지막으로 첫 단계부터 참여했던 선수들이 최소 3주간 직접 운동을 하면서 경기력 향상 여부 등에 대한 그들의 평가를 반영한다. 마지막으로 프로젝트 팀은 스포츠 리서치 팀, 생산 부서 등과 긴밀히 협력하여 최고의 기능성 운동화를 만들어낸다.

넷째, 일관되고 통합된 경험을 제공해야 한다. 기업은 고객에게 일관되고 통합된 경험을 제공함으로써 고객가치를 높이는 데 활용하여야 한다. 이를 위해선 다양한 접점을 통해서 고객 경험이 일관성 있게 제공되도록 기업 내부에서 경험의 질을 종합적으로 관리해야 한다. 일관된 경험이 제공되지 않으면 다양한 접점에서의 경험이 오히려 잡음이 되어, 기업이 의도했던 브랜드 메시지 전달이 실패할 수 있기 때문이다. 우아하게 포지셔닝했던 TV광고가 가격파괴 등 매장에서의 과도한 판촉 행사로 인해 불일치한 이미지를 주는 경우가 그런 예다. 기업이 일관되고 통합된 경험을 제공하기 위해서는 경험을 체계적으로 관리하기 위한 조직을 활용하는 것도 고려해볼 수 있다. 예컨대 HP는 통합된 고객 경험을 제공하기 위해 고객경험관리 부서를 적극 활용하고 있다. 고객경험관리 부서는 매년 전 세계 4만여 명의 고객을 대상으로 글로벌 고객 조사(global citizenship survey)를 수행함으로써 고객들이 제품과 서비스를 사용하는 과정상 겪게 되는 문제점 등을 진단하고 있다. 또한 고객경험표준(Customer Experience Standards)이라 불리는 고객경험관리를 위한 기업 활동의 지침을 마련함으로써 전 세계 95,000여 명의 임직원들이 이를 완벽히 숙지하도록 교육하고 있다. 또한 기업은 이러한 일관되고 통합된 경험을 지속적으로 갱신하고 재창조해야 할 것이다. 경험의 질을 꾸준히 개선함으로써 고객을 묶어둘(lock-in) 수 있으며 유행에 뒤쳐지지 않도록 할 수 있다. 자사 브랜드가 시장에서 성공적이었고 장수 브랜드라고 할지라도 시대의 감각을 적기에 파악하고 이를 제품과 서비스의 경험에 반영하지 못하면 참신함은 떨어지기 마련이다. 바비인형은 출시된 지 40년이 넘었으나 지금도 초당 3개의 인형이 팔리고 있고, 시대별로 어린 소녀들이 좋아할 만한 트렌드를 적절히 반영하여 수없이 많은 변화를 주고 있다. 흑인 인형·다양한 몸매의 인형·한복을 입은 한국 인형 등을 출시하면서 소비자의 변화무쌍한 기호에 발맞추고자 노력하고 있는 것이다. 특히, 바비인형의 디자이너들은 IT제품의 디자인 트렌드를 참고하기 위해 전자업체 디자인 연구소와의 협력 관계에도 주력하고 있다.

'고객경험관리'의 핵심은 고객이 중요하게 생각하는 접점에서 기업과 고객이 긴밀한 유대관계를 맺는 방법을 마련하는 것이다. 기업들은 고객과 마주치는 순간마다 경험을 창출하게 된다. 긍정적인 고객경험을 고안하고 고객의 마음속에 고안된 가치를 각인시켜 충성 고객을 확보해야 할 것이다. 고객들은 영리해질 뿐만 아니라 감성적으로 변하고 있다. 이에 능동적으로 대응하여 고객이 원하는 경험을 제공하는 기업은 경쟁의 승자로서 과거보다 더 많은 것을 얻을 수 있다.

 감성 펀치: 감성 전략 및 전술 지침

[표 6-5] 고객경험관리 성공전략

1. 고객의 경험 과정 해부

고객의 경험 세계를 철저하게 이해해야 한다. 고객이 과연 어떠한 경험 사이클을 가지고 있는지 정확하게 알지 못한다면 고객가치를 제고할 수 있는 기회조차 얻을 수 없다.

2. 차별적 경험을 디자인

기업이 고객의 경험 세계를 정확히 분석하였다면 경쟁사 대비 차별화된 경험을 창조해야 한다.

3. 고객의 피드백을 반영

고객의 의견과 경험에 대한 평가를 적극적으로 반영해야 한다.

4. 일관되고 통합된 경험을 제공

고객에게 일관되고 통합된 경험을 제공함으로써 고객가치를 높이는 데 활용하여야 한다. 이를 위해선 다양한 접점을 통해서 고객 경험이 일관성 있게 제공되도록 기업 내부에서 경험의 질을 종합적으로 관리해야 한다.

4. 고객의 경험을 유지하는 비법

◎ 고객을 참여시켜라

기존의 마케팅이 방송과 신문 등 매스미디어 중심으로 이루어져왔다면 지금은 개인미디어로 마케팅 공간이 확대되고 있다. 온라인 커뮤니티와 블로그를 통해 제품에 대한 다양한 의견이 교환되고, 사용후기 등이 구매 결정에 막대한 영향력을 행사하고 있다. 새로운 접점으로 쌍방향 채널의 비중이 커지고 소비자들의 참여가 확대되는 현상을 '마케팅 2.0'이라 일컫는다(장강일, 2007).

기존의 마케팅 활동은 다수의 소비자들에게 기업이 전달하고자 하는 메시지를 일방적으로 제시하는 데 주력하였다. 기업은 가능한 많은 소비자들을 대상으로 광고하여 그 무리들 중에 자사의 제품에 관심이 있는 사람들에게 운 좋게 메시지가 전달되기를 희망했다. 자연히 브랜드 인지도와 매스 커뮤니케이션의 역할 그리고 적정 임계치를 넘는 광고 물량 등을 강조하였다. 그러나 블로그와 온라인 네트워크가 만연한 웹2.0 시대에는 일방적인 전달이 아닌 양방향의 대화가 중요해졌다. 특히 기업과 소비자와의 대화보다도 다수의 소비자들 사이에 자연스럽게 발생하는 커뮤니케이션의 영향력이 커지고 있다. 기업이 아무리 세심하게 기획하고 다듬은 메시지라 하더라도 소비자들에게 의도한 대로 전달되지 못하고 복잡하고 예측 불가능한 군중들의 대화를 거치며 수정되어버린다. 그 와중에 수많은 소비자들이 그들의 의견을 불특정 다수에게 적극적으로 확산시키는 것이다.

브랜드에 대한 전통적인 매체의 영향력은 감소하는 데 반해 온라인 매체의 영향력은 급격히 증대하고 있다. 2006년 영국의 인터넷 사용자를 대상으로 실시된 조사에 따르면, 개인이 하루에 TV를 보는 시간이 148분인 데 반해 개인적인 용도로 인터넷을 사용하는 시간이 164분에 이른다고 한다. 웹 사용 시간이 늘어나면서 웹상의 정보도 기하급수적으로 증가하고 있다. 2006년 현재, 인터넷상에는 1조 개의 웹 페이지가 존재한다고 한다. 여기에 시간마다 25,000페이지가 끊임없이 증가하고 있다. 소비자의 관심을 끌지 못하면 그 어떤 마케팅 활동과 브랜드 구축 작업도 이 수많은 정보에 휩쓸려 의미 없는 몸짓으로 잊힐 수밖에 없다. 이런 상황에서 기업이 커뮤니케이션 매체를 통제하고 소비자의 마음에 기업이 의도하는 브랜드 이미지를 각인시키는 일은 갈수록 어려워지고 있다. 그러나 기존에 행해 왔던 브랜드 관리 활동의 유효성이 떨어진 것이지 브랜드 자체가 무의미해진 것은 아니다. 너무 세세한 정보들이 주어져 제품 간의 우열을 가리기 힘든 상황에서는 명백한 차별화 요소로서 브랜드의 중요성이 커지고 있다. 브랜드는 기업과 소비자와의 관계에서 형성되는 것으로 시장 환경이 변화함에 따라 진화해가는 것은 지극히 당연하다. 중요한 것은 브랜드에 영향을 미치는 경영 환경 변화를 정확히 이해하는 것이다.

‘웹1.0’이 일방적인 정보 전달과 검색이 중심이었다면, ‘웹2.0’은 쌍방의 정보 공유와 확산을 특성으로 한다. 산발적으로 흩어져 있던 개인들이 거대한 네트워크를 형성함으로써 꼬리가 몸통을 흔드는 모습도 볼 수 있다. 소비자들은 기업이 제공하는 정보를 불신하며 이른바 사회적 매체에 관심을 가지기 시작했다. 소비자들은 자신과 같은 처지에 있는 사람들을 신뢰하며 구매 결정을 내릴 때에도 그들의 조언을 구한다. 이들을 가리켜 '트윈슈머(twinsumer)'라 일컫는다. 쌍둥이라는 뜻의 트윈(twin)과 소비자를 의미하는 컨슈머(consumer)의 합성어로 생각과 취향이 비슷한 사람들의 사용 후기를 참조하여 물건을 구매하는 소비자들을 말한다. 더 나아가 비슷한 생각을 가진 소비자들이 온라인상에서 상호 연결되어 전 세계적인 규모로 영향을 주는 '크라우드 클라우트(crowd clout)'가 관심을 끌고 있다. 이전에는 한자리에 모일 수 없었던 개인들이 온라인 매체를 통해 집단화하면서 제품 구매에서 정치적인 이슈까지 다양한 영역에서 영향력을 행사하는 것이다. 이처럼 인터넷에서의 상호 연결성 증대는 기업에게 실수할 틈을 주지 않는다. 개인이 인터넷에 올린 글 하나가 일파만파 퍼져나가 기업을 곤경에 빠뜨릴 수 있다. 의견이 있으면 바로 인터넷에 접속해서 블로그에 글을 써 올린다. 이는 개별 소비자들이 그 어느 때보다 신속하고 강력하게 웹상에서 파장을 일으킬 수 있음을 의미한다.

◎ 감성고객과의 커뮤니케이션 전략

웹2.0 시대에는 기업이 원하든 원하지 않든 간에 대부분의 정보가 투명하게 소비자들에게 공개되고 순식간에 확산된다. 광고를 통해 과장된 정보를 제공하거나 중요한 사실을 고의적으로 누락하는 것도 용납하지 않는다. 눈에 보이지 않던 소수가 모여 새로운 다수를 만든다는 '롱테일의 법칙'은 브랜드 관리에 기회이자 위협으로 다가오고 있다. 웹은 소비 생활에도 직접적인 변화를 가져오고 있다. 2006년에 한국인터넷진흥원에서 실시한 조사에 따르면, 조사 대상의 80%가 상품 및 서비스 구매 시에 인터넷상에서 다른 사용자의 상품평과 이용 후기, 댓글 등을 읽는 것으로 나타났다. 인터넷상의 상품평과 이용 후기 등은 구매 결정에 상당한 영향을 미치며, 특히 여성(95.6%)과 20대(96.2%)에서 그 영향 정도가 가장 높은 것으로 나타났다. 이처럼 소비자들은 제품 구매를 할 때 오프라인보다 온라인에서 정보를 적극적으로 수집하고 또한 이를 신뢰하며 실제 구매에도 많은 영향을 받고 있다.

이러한 온라인 채널의 중요성을 인식한 주요 기업들은 이를 커뮤니케이션 활동에 적극 반영하고 있다. 포드는 몇 년 전만 해도 대중 매체에 광고 예산의 80%를 배정하고 있었다. 그러나 최근에는 이 비중을 절반 수준으로 줄이고 있다고 한다. 펩시는 현재 전체 광고 예산의 1%에 머무는 온라인 광고를 향후 5∼10% 비중으로 확대할 계획이라고 한다. 온라인 매체의 영향력 증대와 소비자의 소비 행태 변화에 걸맞게 기업의 브랜드 커뮤니케이션 채널의 변화가 이루어지고 있는 것이다.

웹2.0 시대에 접어들면서 소비자들은 본격적으로 자신이 좋아하는 것들을 남들에게 적극적으로 말하기 시작했다. 기업은 소비자들이 자유롭게 말하는 것을 통제할 수도 없고 기업이 원하는 얘기만을 하도록 유도할 수도 없다. 이런 상황에서는 소비자들이 관심을 가질 만한 입소문거리를 제공하여 활발한 참여와 재생산을 유도해야 한다. 예컨대, '노키아'는 동영상 커뮤니티인 '유튜브' 사이트에 제공되는 동영상 말미에 노키아가 스폰서를 했다는 내용을 수 초간 삽입하였다. 노키아에 대한 홍보나 특정 제품에 대한 광고는 포함되어 있지 않다.

유튜브 이용자들은 이 문구를 보고 노키아에 대해 정서적 유대감을 느끼게 되었다. 자신이 관심을 가지고 흥미를 느끼는 곳에 노키아가 곁에 있는 것이다. 이러한 친근함이 제품을 구매할 때 은연중에 노키아를 선택하도록 영향을 주고 있다.

[그림 6-7] 온라인 소비자들의 입소문을 통한 마케팅(바이럴 마케팅)

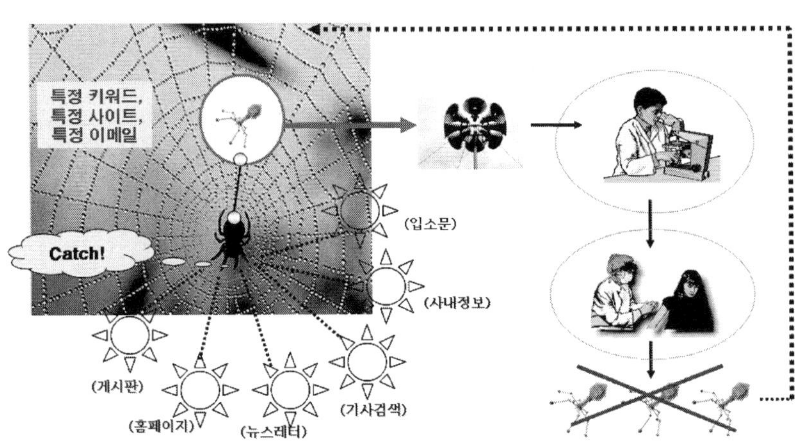

소비자들은 인터넷상에서 기업의 웹 사이트를 통해서만 기업을 접하지 않는다. 따라서 홈 페이지 이외에도 많은 소비자들이 모이는 길목에 대한 모니터링이 필요하다. 소비자들의 입에 회자되는 것도 좋지만 동시에 부정적인 입소문에 대한 신속한 모니터링과 대응도 요구된다. 브랜드가 초기에는 기업에 의해 기획되지만 일단 고객에게 노출되면 기업의 의도와는 달리 시시각각 쌍방향으로 형성되고 변화해간다. 이전에는 마케팅 담당자가 브랜드에 대한 막강한 통제권을 가지고 있었다. 그러나 최근에는 소비자들이 브랜드 이미지를 만들어가며 마케

팅 담당자는 소비자들이 브랜드에 대해 활발하게 공유할 수 있도록 분위기를 만들어주는 역할이 강조되고 있다. 가장 성공적인 브랜드는 마케팅 담당자에 의해서가 아니라 소비자에 의해 기획되고 키워져야 한다. 소비자들의 대화에 활발하게 참여하고 귀를 기울이는 기업만이 웹2.0 시대에도 변함없이 성공적인 브랜드를 유지할 수 있을 것이다.

맺는 글

한국은 드림 소사이어티 1호 국가,
정부 차원에서 한류를 수출하고 있다.
한국은 이미지가 돈이 된다는 것을 알아챈
세계 최초의 국가이다.
▶짐 데이토, 글로벌문화포럼 강연에서

1. 한국인은 감성인

　지금은 감성사회다. 감성만족에 대한 욕구가 생산과 소비는 물론 사람들 사이의 관계와 문화 그리고 정치에 이르기까지 중요한 영향을 미치고 있다. 기업은 소비자와 조직 구성원들의 감성만족을 위한 경영전략과 마케팅전략을 도입하고 있다. 인간의 오감을 자극하는 컨셉과 디자인 그리고 사용편의성 등이 경쟁의 원천으로 대두되고 있는 것이다. 소비자들은 기능과 가격이 비슷할 경우 자신의 감성적 취향을 만족시키는 제품과 서비스를 구입하고 있다. 정치인들은 유권자와 국민의 감성을 자극하고 감동시키는 전략을 선거캠페인 기간뿐 아니라 일상정치에서도 적극 활용하고 있다. 개인들도 고향이나 출신학교 또는 직업 등을 떠나서 감성을 중심으로 다른 사람들과 새로운 관계를 형성하고 있다. 모든 인간의 행위가 감성과 관련되어 설명되고 분석될 수 있는 사회인 것이다.

　감성이 중요성이 강조되고 있지만, 감성이 무엇인지를 물으면 보통사람들은 막연하게 여겨지고 확실히 단정적으로 대답하기 어려운 것이 사실이다. 이에 대해 오사카 쇼이지의 설명은 훌륭한 단서를 제공해준다.

　　"……사실 감성의 정체는 '데이터 처리능력'에 지나지 않는다. 예를 들어 와인에 관해서 섬세한 감성을 가지고 있는 사람은 아마 와인을 많이 마셔서 와인에 관한 데이터를 많이 가지고 있는 사람일 것이다. 그런 사람은 와인에 관한 색·향·맛 등 정보가 많아서 다른 와인과 비교해가며 '이 와인의 색은 짙은 비로드 같네.', '이 요리에는 이 와인이 딱이군.' 하는 식으로 바로 판단을 내릴 수가 있는 것이다(오사카 쇼우지, 2004)."

　　결국 한 분야에서 뛰어난 감성을 갖고 있다고 인정받는 것은 그만큼 그 분야에 대한 포괄적이고 다양한 정보와 경험을 갖고 있다는 말과 같다. 즉 데이터 수집력과 그것을 처리하는 능력만 키우면 얼마든지 감성을 한 단계 업그레이드시킬 수 있다는 것이다.

　　감성시대에는 보다 많이 체험하고 느끼고 표현하는 사람이 자신의 경제적·사회적 목표를 보다 원활하게 달성할 수 있다. 따라서 한국인은 역사적인 경험을 통해 축전된 감성을 기반으로 새로운 첨단의 물리적 환경과 글로벌한 차원의 환경이 제공하는 자극 또한 적극적으로 체험할 필요가 있다. 흔히 자신의 감성은 내 의지나 의도와 상관없이 자연적으로 발생하는 현상 같지만 그렇지 않다. 감성은 그 이전까지의 경험과 학습을 그 바탕으로 한다. 뛰어난 감성을 갖기 위해서는 감각기관이 자연환경과 문화환경 그리고 사회환경과 대인관계환경 등 다양한 환경에 노출되고 체험하도록 하는 것이 필요하다.

　　우선 다소 생소한 경험이라 여겨지는 것을 과감히 행하는 것이 먼저 해야 할 일이다. 미술관·박물관·전시관·공연장 등 문화 관련 공간에 가서 오감을 통해 느껴지는 모든 것을 받아들이고 학습해보는 것도 도움이 된다. 이런 일련의 과정들이 반복되다 보면 자신도 모르게 감각기관이 발달하게 되고 감성 인간으로 변화해감을 느낄 수 있을 것이다.

이 과정이 익숙해지면 그다음으로는 일상적으로 지내는 환경 속에서 새롭게 느끼는 훈련을 한다. 즉 익숙한 것을 새롭게 보는 훈련이다. 예컨대, 스토리 중심으로만 봤던 영화를 배경이나 의상과 소품 중심으로 보거나 혹은 감독의 숨은 의도를 파악하는 등 새로운 관점으로 다시 보는 식이다. 아마 전에 느끼지 못한 무수한 감성 요소를 발견해낼 수 있을 것이다. 느껴보려는 마음만 있다면 그 대상은 수도 없이 많다. 감성적 인간은 자연적으로 탄생하는 것이 아니라 이처럼 꾸준한 반복훈련과 학습을 통해 양성되는 것이다.

신체의 감각기관을 통해 다양한 물리적 환경들을 체험하고 이를 기반으로 모든 것들에 대해 감성적으로 바라보는 훈련은 인간의 감성 배양에 중요하다. 일상에서는 언어를 통해 감성능력을 쉽게 키울 수 있다. 언어는 그 이면에 많은 감성적 요소들을 내포하고 있다. 따라서 일상적 대화와 독서를 통해 언어에 내재된 감성을 파악하고 끄집어내는 훈련 또한 감성적 사고를 촉진시켜주고 성숙하게 해준다.

한국인은 다른 어느 나라 사람들 못지않게 감수성이 풍부한 것으로 인정받는다. 감성사회를 살아가는 데 부족함 없는 감성적 자질을 지니고 있다. 한국인의 감수성은 '정(情)'과 '여백의 여유'라는 키워드로 설명된다. 오래전부터 한국인은 '정'이라는 이름으로 감성을 공유하고 향유했다. 한국인에 있어서 '정'은 함께하는 경험을 통해 형성되며, '정'의 관계는 비밀이 없고 간격이 없으며 허물도 없는 마음이 푸근한 관계이다. '정'은 일정 시간을 계속적으로 지속성을 가지고 접촉하고 공동으로 무언가를 같이 경험할 때 생겨난다. 즉 '정'은 상호의존적인 관계여서 삶을 같이 영위할 때, 즉 오랜 시간 서로 간의 접촉을 경험할 때 생기는 것이다. 따라서 정은 쉽게 바뀔 수 없다. 일단 형성된 '정'은 오랜 시간 후에도 쉽게 소멸되지 않는다. 이처럼 한국인의 '정'은 하루아침에 생겨난 것이 아니라 오랜 시간 꾸준히 학습하고 반복함으로써 형성된 것이다. 단일민족으로 숱한 외세의 침략에도 똘똘 뭉쳐 버텨내고 세계 선진국과 어깨를 나란히 할 수 있었던 것도 감성이 풍부한 우리민족의 '정'의 힘이 있었기 때문이다. '정'의 감수성이 한국인의 끈끈한 커뮤니티를 받쳐주고 있는 것이다.

또 하나의 한국인 특유의 감성을 꼽으라면 '여백의 여유'를 즐길 줄 아는 감성을 지니고 있다는 점이다. 물리적으로나 심리적으로 무언가 가득해 만족함을 느낄 때 여유는 발생한다. 여기서 '여백의 여유'는 비어 있는 것에 대해서도 만족할 수 있는 넉넉한 마음의 안정까지도 포함한다. 여유라는 감정은 물질적 완벽함을 초월해서 부족함과 미흡함을 받아들이며 오히려 여백의 미로 즐길 수 있는 자기 심리의 다스림과 같은 감정이다.

한국인의 '정'과 '여백의 여유'라는 감수성을 오래도록 유지해 왔다는 것은 다른 사람과 감성적으로 어우러지는 삶의 방식과 자신을 다스릴 수 있는 감성적 능력을 지속적으로 발전시켜 왔다는 것을 의미한다. 이제 전 세계가 감성화의 물결에 편승하여 이른바 감성시대가 빠르게 다가오고 있다. 따라서 바로 이 감성시대의 주인공은 이미 감성인간인 우리 한국인에게 새로운 기회의 시대가 될 수 있을 것이다.

2. 감성적 인간으로 살아가는 법

처음 디지털이 등장했을 때 모든 것이 디지털로 바뀌고 기존의 것들은 소멸되고 붕괴되는 것처럼 보였다. 이른바 디지털 혁명은 그렇게 빠르고 무섭게 다가왔다. 10년이 채 걸리지 않아 현대인은 디지털화되었으며 오랫동안 그래왔던 것처럼 디지털에 익숙해졌다. 그런데 디지털 문화는 모든 것을 규격화·수치화·논리화·이성화함으로써 인간의 감성적인 측면을 잠식해나갔다. 그로 인해 개인주의가 팽배해졌으며 전에는 없었던 문제들이 발생하기 시작했다. 아무리 기술이 발달하고 사람이 하는 일을 기계가 대신한다고 해도 대치할 수 없는, 변하지 않는 것이 존재하기 때문이다. 즉 디지털 시대가 도래하여도 아날로그 시대의 것들이 소멸하지 않고 변화 내지는 진화한다는 것이다.

감성시대는 이미 시작되었다. 이미 감성문화, 정치, 마케팅, 기술, 공학 등 너무나 다양하고 폭넓은 분야에서 감성이 접목되고 있다. 하지만 감성시대가 도래했다고 그저 수동적으로 감성에 자극받기만 할 것인가? 감성시대라는 의미는 내가 직접 느끼고 체험해야 하는 시대를 의미한다. 따라서 나에게 맞는 감성과 나를 자극시키는 감성을 찾아 느끼고 경험해야 한다.

감성시대를 살아가기 위해서는 몇 가지 전략이 필요하다. 첫째, 가슴으로 느끼되 머리로 판단하자. 이 시대의 감성트렌드는 그전의 감성과는 다르다. 즉 현재의 감성트렌드는 진화된 기술을 바탕으로 감성을 탑재한 형식이다. 따라서 인간만이 느낄 수 있는 감성적 자극은 받되 마지막 판단은 가슴이 아닌 머리로 해야 한다. 감성은 이성을 압도하기 마련이다. 감성을 앞세워 이성을 흐리는 제품이나 서비스 등이 판을 칠 수 있기에 우리는 냉철한 판단을 할 수 있도록 늘 차가운 머리를 유지해야 한다.

둘째, 감성으로 하나 되자. 디지털 시대에는 정보격차가 수반되기 마련이다. 디지털 기기를 능숙하게 다루는 디지털 세대와 아날로그에 익숙한 기성세대의 격차가 벌어지기 마련이다. 하지만 감성이 있기에 그 격차를 좁힐 수 있다. 2002년 6월 한반도를 뜨겁게 달궜던 붉은 악마의 함성과 물결은 나이와 세대를 넘어 모두를 하나로 묶어줬다. 감성은 세대를 넘어 통용되는 공통어가 될 수 있다. 따라서 감성을 활용해 소외계층을 끌어들이고 비주류를 주류로 편승시키는 작업을 수행할 수 있다.

셋째, 마음을 열어라. 디지털은 거대한 네트워크로 시공의 한계를 극복한 반면 개인화를 가속화시켰다. 디지털을 넘어 유비쿼터스로 향하는 시대에는 지금의 온라인과 오프라인의 구분이 허물어질 것이다. 따라서 개인화되고 점조직화되어 있는 현재의 네트워크 구조를 개선해야 한다. 그 첫걸음은 교감을 통한 거리 좁히기다. 콘텐츠와 사람, 컴퓨터와 사람, 사람과 사람 등 관계를 가깝게 하기 위해 감성을 나누어야 한다. 마음을 활짝 열고 서로를 받아들일 때 우리는 더불어 감성사회를 살아갈 수 있을 것이다.

그렇다면 어떻게 사는 것이 감성적 삶인가. 이에 대해 영국의 공영방송인 BBC의 '행복위원회'는 다음과 같은 '행복헌장 10계명'으로 그 답을 던져준다.

[표 7-1] BBC '행복위원회'의 '행복헌장 10계명'

1. 운동을 하라. 일주일에 세 번, 30분씩이면 충분하다.
2. 좋았던 일을 떠올려보라. 하루를 마무리할 때마다 당신이 감사해야 할 일 다섯 가지를 생각하라.
3. 대화를 나누라. 매주 온전히 한 시간은 배우자나 가장 친한 친구들과 대화를 나누라.
4. 식물을 가꾸라. 아주 작은 화분도 좋다. 죽이지만 말라.
5. TV시청시간을 반으로 줄이라.
6. 미소를 지어라. 적어도 하루에 한 번은 낯선 사람에게 미소를 짓거나 인사를 하라.
7. 친구에게 전화하라. 오랫동안 소원했던 친구나 지인에게 연락해서 만날 약속을 하라.
8. 하루에 한 번 유쾌하게 웃으라.
9. 매일 자신에게 작은 선물을 하라. 그리고 그 선물을 즐기는 시간을 가지라.
10. 매일 누군가에게 친절을 베풀라.

행복헌장 10계명은 모든 인간이 지니고 있는 감각기관을 활용하여 자신의 환경과 접촉하는 지극히 감성적인 일들이다. 개인이 행복하면 사회도 행복하고 국가도 행복한 법이다. 따라서 국가도 사회도 개인의 감성적 만족과 행복감의 체험에 보다 많은 관심을 기울여야 할 것이다. 무엇보다 중요한 것은 자기 자신이 자신의 감성이 행복감을 느낄 수 있도록 스스로 노력하는 자세라고 하겠다.

〈국내문헌〉

강홍렬 외 (2006). <메가트렌드 코리아>. 서울: 한길사.

김문겸 (1996). <현대사회와 여가>. 부산: 부산대 출판부.

김미자 (1998). <감성공학>. 서울: 디자인오피스.

김민수 (1997). <21세기 디자인 문화 탐사>. 서울: 솔.

김영섭 (2006). <대한민국 디지털 트렌드>. 서울: 한국경제신문.

김영한 (2006). <감성트렌드>. 서울: 해냄.

김용섭 (2006). <대한민국 디지털 트렌드>. 서울: 한국경제신문.

김원제 (2006). <호모미디어쿠스>. 서울: 커뮤니케이션북스.

김원제 외 (2005). <문화콘텐츠 블루오션>. 서울: 커뮤니케이션북스.

김재문 (2006). 엔터테인먼트에서 엿보는 소비심리. <주간경제>, 872호, 서울: LG경제연구원. pp.1~5.

김정연·정소영 (2004). 유비쿼터스 시대 감성소구로서 캘리그래피가 지닌 의미에 관한 연구. <한국디자인문화학회지>, 제10권 제4호, pp.87~96.

김정탁 (1998). <미디어와 인간>. 서울: 커뮤니케이션북스.

김종성 외 (2005). 생체신호 기반 사용자 인터페이스 기술. <전자통신동향분석>, 제20권 제4호, pp.67~81.

문은배 (2005). <색채의 이해와 활용: 컬러리스트 완벽 대비를 위한 최고 이론서>. 서울: 안그라픽스.

문화콘텐츠진흥원 (2004). <Entertainment Computing(EC) 산업 활성화 방안>. 서울: 문화관광부.

박정현 (2006). 고객경험관리(CEM)에 주목하라. <주간경제>, 910호, 서울: LG경제연구원. pp.16~20.

박정현 (2007). 오감 브랜딩으로 차별화하라. <주간경제>, 929호, 서울: LG경제연구원. pp.8~14.

박정현 (2007). NEW 소비코드 5. <주간경제>, 943호, 서울: LG경제연구원. pp.8~14.

박준석 (2006). 차세대 휴먼 인터페이스의 오감 정보처리 기술. <ITFIND 주간기술동향>, 1252호, 대전: 정보통신연구진흥원.

삼성경제연구소 (2004). <농촌관광 미래가 보인다> 세미나 자료집.

서미라·박상진·곽훈성 (2006). 감성어휘를 통한 디지털 크리에이팅에 관한 연구. <한국콘텐츠학회지>, 제6권 제4호, pp.89~97.

성기혁 (2003). <색즉시색>. 서울: (주)교학사.

송해룡·김원제·조항민 (2006). <대한민국은 지금 체험지향사회>. 서울: 커뮤니케이션북스.

신한FSB연구소 (2006a). 행복학과 행복마케팅. <신한 FSB 리뷰>, 7월호, pp.9~15.

신한FSB연구소 (2006b). 시장점유율보다 고객가치점유율이 중요하다. <신한 FSB 리뷰>, 8월호, pp.8~17.

신한FSB연구소 (2007a). 고객경험의 변화를 위한 소비사슬 분석. <신한 FSB 리뷰>, 10월호. pp.2~17.

신한FSB연구소 (2007b). 업종구분이 없는 액체사회로의 진화. <신한 FSB

리뷰>, 6월호, pp.18~25.

신한FSB연구소 (2007c). 효과적인 고객경험 관리를 위해. <신한 FSB 리뷰>, 6월호, pp.9~17.

심상민 (2005). <블루콘텐츠 비즈니스>. 서울: 커뮤니케이션북스.

오세진·이원우·박영민·우운택 (2006). U-콘텐츠: U-지능공간에서의 실감형 감성 콘텐츠. <한국멀티미디어학회지>, 제10권 제2호, pp.73~83.

오재익 (2005). <편경영>. 서울: 월간조선사.

윤명환 (2006). <사용자 중심의 제품설계와 인간·감성공학>. 서울: 서울대학교.

이구형 (1998a). 사회 및 산업환경의 변화와 감성과학. <한국감성과학회지>, 1권 1호, pp.13~17.

이구형 (1998b). 감성과 감정의 이해를 통한 감성의 체계적 측정 평가. <한국감성과학회지>, 1권 1호, pp.113~122.

이구형·김영준 (1997). 감성요소를 포함하는 인지적 의사결정 모형. <한국감성과학회 연차학술대회 논문집>, pp.13~32.

이두원 (1998). <커뮤니케이션과 기호>. 커뮤니케이션북스.

이민훈 외 (2003). <기술과 감성의 융합시대>. CEO Information 제417호, 서울: 삼성경제연구소.

이민훈·최순화,·이정호 (2005). <2000~2004년 히트상품 분석을 통한 중기 소비시장 전망>. 서울: 삼성경제연구소.

이병민 외 (1993). <감성공학 기술동향 및 수요조사 연구>. 서울: 한국표준과학연구원.

이상현 (2006). 디지털 시대의 감성코드, 붓으로 대변한다. <서예문화>, 100호, pp.42~43.

이연수 (2006). 2006년 주목할 감성 마케팅 키워드. <주간경제>, 867호, 서울: LG경제연구원. pp.1~7.

이어령 (2006). <디지로그>. 생각의 나무.

이재수 (1996). <광고상품론>. 서울: 학문사.

장강일 (2007). 웹2.0 시대의 브랜드 살아남기. <주간경제>, 935호, 서울:
    LG경제연구원. pp.8～14.

장동련 (2004). 디자인 정책의 현황과 전망. <KDRI 디자인 포럼>, 서울:
    한국디자인산업연구센터.

정만국·김지은·박지연 (2005). 감성경영, 선택이 아닌 필수의 시대로.
    <한국능률협회보>, 제34호, pp.31～33.

정진홍 (2001). <감성 바이러스를 퍼뜨려라>. 서울: 위즈덤하우스.

조동성 (2003). <디자인 혁명 디자인 경영>. 서울: 디자인네트.

조종혁 (1994). <커뮤니케이션과 상징조작: 현대사회의 신화>. 서울: 성균
    관대학교 출판부.

차원용 (2006). <미래기술경영 대예측>. 서울: 굿모닝미디어.

최상진 (2000). <한국인 심리학>. 서울: 중앙대 출판부.

한국문화콘텐츠진흥원 (2004). <문화콘텐츠 디자인 정책연구>.

한국문화콘텐츠진흥원 (2005). <미래형 문화콘텐츠기술>.

한국산업기술평가원 (2005). <일본의 국가기술 현황과 도출과정>.

한국색채학회 (2002). <색이 만드는 미래>. 서울: 국제.

황혜정 (2007). 가치 창출, 고객 경험에서 찾아라. <주간경제>, 932호, 서
    울: LG경제연구원. pp.8～14.

I.R.I색채연구소 (2004). <감성만족! 컬러마케팅>. 서울: 영진닷컴.

〈해외문헌〉

長町三生 (1995). <感性工學のおはなし>. 하재경 역 (1997). <감성공학>. 서울: 상조사.

宮下眞 (2001). <キャラクター―ビジネス知られざる戰略>. 정택상 역 (2002). <캐릭터 비즈니스, 감성체험을 팔아라>. 서울: 넥서스.

佐野寬 (1996). <21世紀的 生活>. 현동희 역 (1998). <21세기의 디자인>. 서울: 태학원.

山下柚美 (2004). <五感再生>. 김희라 역 (2005). <오감재생>. 서울: 아이티아이북스.

尾坂昇治(2003). <感性の扉>. 정택상 역 (2004). <감성컨셉>. 서울: 정한 PNP.

ATA Design Project (2001). <構想大學 デザイン學部>. 김경균 역 (2002). <21세기 일본을 디자인 한다>. 서울: 시지락.

Bates, J., Loyall, A. B., & Scott, R. W. (1992). An Architecture for action, emotion, and social behavior. *Technical Report, 144*, pp.225~231.

Baudrillard, J. (1970). *La societe de Consommation*. 이상률 역(1991). <소비의 사회: 그 신화와 구조>. 서울: 문예출판사.

Bosshart, D. (1997). *Die Zukkunft des Konsums*. 박종대 역(2001). <소비의 미래>. 서울: 생각의 나무.

C. Breazeal (2003). Emotion and Sociable Humanoid Robot. *International Journal of Human Computer Studies*, 59, pp.119~155.

Dunne, P.(2006), *Emotional Structure: Creating the Story Beneath the Plot*. Quill Driver Books.

Elliot, C. (1992). *The affective Reasoner: A process Model of Emotions in a Multi-agent System*. PhD Thesis, Northwestern University.

Gershenfeld, N. (1999). *When Things Start To Think*. Cambridge University Press. 이구형 역(1999). <생각하는 사물>. 서울: 나노미디어.

Gobe, M., Gob, M., & Sergio Zyman (2001), *Emotional Branding: The New Paradigm for Connecting Brands to People*. Allworth Press.

Godin, D. (2002). *Purple Cow*. 남수영 · 이주형 역 (2004). <보랏빛 소>. 서울: 재인.

Horx, M. (2003). *Future Fitness*. Eichborn AG. 이온화 역 (2004). <미래, 진화의 코드를 읽어라>. 서울: 넥서스북스.

Huizinga, J. (1938). *Homo Ludens: A Study of the Play－Element in Culture*. 김윤수 역 (1993). <호모루덴스>. 서울: 까치.

Jensen, R. (1999). Dream society. 서정환 역 (2000). <드림 소사이어티>. 서울: 한국능률협회.

Ledoux, J. E. (2004), *Emotional Brain*. Phoenix Press.

McLuhan, M. (1964). *Understanding Media: The Extension of Man*. New York: Mentor Books. 박정규 역 (1997). <미디어의 이해>. 서울: 박영률출판사.

McLuhan, M., & Fiore, Q. (1988). *The Medium is the Massage*. New York: Random House. 김진홍 역 (1988). <미디어는 맛사지다>. 서울: 열화당.

Negroponte, N. (1995). *Being Digital*. New York: Alfred A. Knopf. 백욱인 역 (1995). <디지털이다>. 서울: 박영률출판사.

Ortony, A., Clore, L. G., & Collins, A. (1988). *The Cognitive Structure of Emotions*. Cambridge University Press.

Picard, R. W. (2000). *Affective Computing*. MIT Press.

Pine, B. J. II, & Gilmore, J. H. (1998). Welcome to The Experience Economy. *Harvard Business Review*, 76, (4), pp.97～105.

Rifkin, J. (2000). *The Age of Access: The New Culture of Hypercapitalism*

Where All of Life is a Paid-for Experience. New York: Penguin Group. 이희재 역 (2001). <소유의 종말>. 서울: 민음사.

Schmitt, B. (1999). *Experiential Marketing*. 박성연 외 역 (2005). <체험 마케팅>. 서울: 세종서적.

Simon, H. A. (1971). *Designing Organizations for an Information-Rich World, in Martin Greenberger, Computers, Communication, and the Public Interest*. The Johns Hopkins Press.

Vogenl, H. L. (2001). *Entertainment Industry Economics*. Cambridge University Press.

〈신문 및 기타 자료〉

경향신문(2007. 2. 11.), '디지털+아날로그, 디지로그 제품 봇물'.

내일신문(2006. 9. 8.), '갈림길에 서게 될 감성정치의 위력'.

머니투데이(2007. 2. 6.), '싸이월드 가입자 2천만명 돌파'.

월간울림(2008). 문화관광부 월간소식지.

월간조선(2007. 1. 8.), '정보화 사회 다음은 드림 소사어어티'.

조선일보(2008. 3. 15.). '죽어가는 회사도 살리는 디자인의 힘……그 세 가지 비결은'.

주간한국(2006. 2. 15.), '성공을 위한 키워드, 감성이 세상을 지배한다.'

Goldhaber, M. H. (1997). The Attention Economy and the Net. seminal on-line article. www.well.com / user / mgoldh / natecnet.html.

· 저자 ·

김원제　중앙대학교 대학원에서 언론학 석사학위를 받았으며, 성균관대학교 대학원에서 언론학 박사학위를 받았다. 현재 (주)유플러스연구소 대표연구원(연구소장), 한국문화콘텐츠기술학회 이사, 사이버문화콘텐츠아카데미 책임교수를 맡고 있다. 저서로는 ≪디지털미디어 길라잡이≫(2007), ≪퓨전테크 그리고 퓨전비즈≫(2007, 문화관광부 교양도서), ≪대한민국은 지금 체험지향사회≫(2006, 공저), ≪스포츠코리아≫(2006), ≪호모미디어쿠스≫(2006), ≪위험보도≫(2006, 공역), ≪문화콘텐츠 블루오션≫(2005, 공저), ≪미디어스포츠 사회학≫(2005), ≪위험커뮤니케이션과 위험수용≫(2005, 공편), ≪유비쿼터스 사회와 방송≫(2005, 공저) 등이 있다. 과학기술부장관상(2004), 문화관광부장관상(2005) 등을 수상했으며, 월간 <프린팅코리아>에 디지털문화칼럼을 연재하고 있다.
(주)유플러스연구소(www.upluslab.com)는 커뮤니케이션, 미디어·콘텐츠, IT·유비쿼터스, 비즈니스 분야를 중심으로 연구조사 및 컨설팅을 제공하는 전문연구소다.

정세일　중앙대학교 대학원에서 언론학 박사학위를 받았다. 현재 (주)유플러스연구소 연구전문위원으로 재직 중이며, 여러 대학에서 매스커뮤니케이션 관련 과목을 강의하고 있다. 주요논문으로 <문화콘텐츠산업의 성과결정요인에 관한 연구>, <MP3의 도입에 따른 한국음반산업의 구조변화에 관한 연구>, <해외 미디어기업의 '현지화'전략에 관한 연구> 등이 있다.

유플러스연구소 신서 08-01

감성 펀치
: 감성 전략 및 전술 지침

• 초판 인쇄	2008년 6월 20일
• 초판 발행	2008년 6월 20일
• 지 은 이	김원제 · 정세일
• 펴 낸 이	채종준
• 펴 낸 곳	한국학술정보㈜
	경기도 파주시 교하읍 문발리 513-5
	파주출판문화정보산업단지
	전화 031) 908-3181(대표) · 팩스 031) 908-3189
	홈페이지 http://www.kstudy.com
	e-mail(출판사업부) publish@kstudy.com
• 등 록	제일산-115호(2000. 6. 19)
• 가 격	25,000원

ISBN   978-89-534-9573-9 93320 (Paper Book)
        978-89-534-9574-6 98320 (e-Book)